U0164249

悉曇十八章 併 梵語千字文 目錄

悉曇十八章

梵語千字文

悉曇十八章

第一章

悉曇字母簡介

悉曇字母的類別及數目

悉曇字母可分成「摩多」與「體文」兩類。「摩多」是母音或韻母；而「體文」是子音或聲。

除此之外，還有由母音簡略而成的「母音符號」。

有關於悉曇字母的總數，各家有著不同說法。最多是五十一個字母。如日本最古的「法隆寺貝葉」、唐代智廣著作《悉曇字記》和日本的《梵字大鑑》。這些書籍都主張十六個母音加三十五個字音，共五十一個字母。當然，也有些其他著作是主張十六個母音加三十四個字音，共五十字母，如唐代不空著作《瑜伽金剛頂經釋字母品》。主張十六個母音加三十三個字音，共四十九字母的有唐代義淨著作《南海寄歸內法傳》。為廣潤學習，本書採用《梵字大鑑》的建議，主張五十一字母。

悉曇字之組成

悉曇字，除了純母音，它的書寫是以子音做「本體」，加上母音「摩多」的點畫即「母音符號」，互相組合變化所形成的。

依《大正新脩大藏經》內智廣撰寫的《悉曇字記》[1]主張，「……其始曰悉曇。而韻有六。長短兩分字十有二。將冠下章之首。對聲呼而發韻。聲合韻而字生焉。即 **𑖂** 阿上聲短呼 **𑖃** ……」。即悉曇字母基本有十六個摩多（母韻），加三十五個體文（字音），每一個摩多和體文，均有其本身音韻，是可成為一獨立字。

阿平聲長呼等是也。其中有 **𑖁** 紇里二合等四文。悉曇有之非生字所用今略也。其次體文三十有五。通前悉曇四十七言明矣。聲之所發則牙齒舌喉脣等合於宮商。其文各五。遍口之聲文有十。

除以上五十一個字之外，悉曇字可分為十八組拼寫法則，稱為悉曇十八章。在進入十八章前，首先了解一下甚麼是「摩多點」及「半体」。

「摩多點」，是摩多（母韻）與體文（字音）合併時所用來表示其音的簡略符號。「半体」，是體文（字音）與摩多（母韻）或體文（字音）與體文（字音）合併時所用的簡化字形，可分上半部與下半部兩種。

「摩多」和體文「半体」，會在接著的下一節「悉曇字母表的構成及解說」內介紹。

悉曇字母表的構成及解說

本書之字母字數，是引用《梵字大鑑》主張的字母字數，即十六個母音「摩多」及三十五個子音「體文」，合共五十一個字母。

字母表解説：

悉曇文字：悉曇文字在日本分別有三大流派：澄禪流、淨嚴流及慈雲流。

異體字：不同派別的字體、古時師承之傳承字體或由印度傳承的字體作為參考。

摩多點：代表摩多和別摩多的母音符號。

半體上／下部：當體（体）文需互相合併時使用。

漢字音譯：是引用《梵字悉曇字母并釈義》[2] 之音譯。

羅馬併音：現代多使用之併音方法。

日文讀法（中天音）：中天音，是東密之相承

日文讀法（南天音）：南天音，是台密之相承

發音種別：由古代相承下來的發音類別。

字義：字義是採用《金剛頂經 • 釋字母品》[3] 作為基本。除了第50字義不是從經典出來，是由代代相承的。

※本字母表參考種智院大學，《梵字大鑑》（1983），法藏館

[3] 大正新脩大藏經第18冊，No.880

[2] 大正新脩大藏經第84冊，No.2701

悉曇字母表

8	7	6	5	4	3	2	1	字號
								悉曇文字 朴筆
								悉曇文字 丸筆
								異体字
								摩多點
愛	曀	污引	塢	伊引	伊	阿引	阿	漢字 音譯
ai	e	ū	u	ī	i	ā	a	羅馬 併音
アイ	エー	ウー	ウ	イー	イ	アー	ア	日文讀音 中天音
エー	エ	ウー	ウ	イー	イ	アー	ア	日文讀音 南天音
同	以下四字複母 音喉、顎音	同	唇音	同	顎音	同	以下六字單母 音喉音	發音種別
一切法自在不可得故	一切法求不可得故	一切法損減不可得故	一切法譬喻不可得故	一切法災禍不可得故	一切法根不可得故	一切法寂静故	一切法本不生	字義

別　摩　多				摩　多				
16	15	14	13	12	11	10	9	字　號
								悉曇文字 朴筆
								悉曇文字 圥筆
								異体字
								摩多點
嚧	唸	哩引	哩	惡	闇	奧	污	漢字 音譯
Ī	ḷ	r̄	ṛ	aḥ	aṃ	au	o	羅馬 併音
リヨー	リヨ	リー	リ	アク	アン	アウ	オー	日文讀音 中天音
リ	リ	キリ	キリ	アク	アン	オー	オ	日文讀音 南天音
		以下四字流滑母音		止聲	隨韻	同	喉、唇	發音種別
一切法沈沒不可得故	一切法染不可得故	一切法類例不可得故	一切法神通不可得故	一切法遠離不可得故	一切法邊際不可得故	一切法化生不可得故	一切法瀑流不可得故	字義

字義				體	文			
號 字	24	23	22	21	20	19	18	17
悉曇文字 朴筆	(悉曇)	(悉曇)	(悉曇)	(悉曇)	(悉曇)	(悉曇)	(悉曇)	(悉曇)
悉曇文字 九筆	(悉曇)	(悉曇)	(悉曇)	(悉曇)	(悉曇)	(悉曇)	(悉曇)	(悉曇)
異体字	(悉曇)	(悉曇)		(悉曇)	(悉曇)	(悉曇)	(悉曇)	(悉曇)
半体上部	(悉曇)	(悉曇)	(悉曇)	(悉曇)	(悉曇)	(悉曇)	(悉曇)	(悉曇)
半体下部	(悉曇)	(悉曇)	(悉曇)	(悉曇)	(悉曇)	(悉曇)	(悉曇)	(悉曇)
漢字 音譯	惹	礠	遮	仰	伽	誐	佉	迦
羅馬 併音	ja	cha	ca	ńa	gha	ga	hka	ka
日文讀音 中天音	ジヤ	シヤ	シヤ	ギヤゥ	ギヤ	ギヤ	キヤ	キヤ
日文讀音 南天音	ザ	サ	サ	ガ	ガ	ガ	カ	カ
發音種別	濁、無	同、有	清、無（以下五字顎音）	鼻音	同、有	濁、無	同、有	清、無（以下五字喉音）
字義	一切法生不可得故	一切法影像不可得故	一切法離一切遷變故	一切法支分不可得故	一切法一合不可得故	一切法行不可得故	一切法等虛空不可得故	一切法離作業故

32	31	30	29	28	27	26	25	字　號
								悉曇文字 朴筆
								悉曇文字 九筆
								異体字
								半体上部
								半体下部
多	拏	茶	拏	咤	吒	孃	酇	漢字 音譯
ta	ṇa	ḍha	ḍa	ṭha	ṭa	ña	jha	羅馬 併音
タ	ダウ	ダ	ダ	タ	タ	ジャウ（ニャウ）	ジヤ	日文讀音 中天音
タ	ダ	ダ	ダ	タ	タ	ザ	ザ	日文讀音 南天音
以下五字齒音 清、無	鼻音	同、有	濁、無	同、有	以下五字舌音 清、無	鼻音	同、有	發音種別
一切法如如不可得故	一切法諍不可得故	一切法執持不可得故	一切法怨敵不可得故	一切法長養不可得故	一切法慢不可得故	一切法智不可得故	一切法戰敵不可得故	字義

40	39	38	37	36	35	34	33	字　號
𑖥	𑖤	𑖣	𑖢	𑖡	𑖠	𑖟	𑖞	悉曇文字 朴筆
𑖥	𑖤	𑖣	𑖢	𑖡	𑖠	𑖟	𑖞	悉曇文字 丸筆
								異体字
								半体上部
								半体下部
婆	麼	頗	跛	曩	馱	娜	他	漢字音譯
bha	ba	pha	pa	na	dha	da	tha	羅馬併音
バ	バ	ハ	ハ	ナウ	ダ	ダ	タ	日文讀音 中天音
バ	バ	ハ	ハ	ナ	ダ	ダ	タ	日文讀音 南天音
同、有	濁、無	同、有	清、無 以下五字唇音	鼻音	同、有	濁、無	同、有	發音種別
一切法有不可得故	一切法縛不可得故	一切法不堅如聚沫故	一切法第一義諦不可得故	一切法名不可得故	一切法界不可得故	一切法施不可得故	一切法住處不可得故	字義

				體			文		
48	47	46	45	44	43	42	41	號 字	
								朴筆	悉曇文字
								丸筆	悉曇文字
									異体字
									半体上部
									半体下部
娑	灑	捨	嚩	邏	囉	野	莽	音譯	漢字
sa	ṣa	śa	va	la	ra	ya	ma	併音	羅馬
サ	シャ	シャ	バ	ラ	ラ（アラ）	ヤ	マウ	中天音	日文讀音
サ	シャ	シャ	バ	ラ	ラ	ヤ	マ	南天音	日文讀音
		以下三字隔舌音				鼻音以上五組二 十五字五類聲 以下八字遍口聲 以下四字半母音			發音種別
一切法一切諦不可得故	一切法性鈍故	一切法本性寂故	一切法語言道斷故	一切法相不可得故	一切法離諸塵染故	一切法乘不可得故	一切法吾我不可得故		字義

20

	文 體		
51	50	49	字 號
			悉曇文字 朴筆
			悉曇文字 丸筆
			異体字
			半体上部
			半体下部
乞灑	灆	賀	漢字 音譯
kṣa	llaṃ	ha	羅馬 併音
キシャ	ラン	カ	日文讀音 中天音
サ	ラン	カ	日文讀音 南天音
異体重	同体重		發音種別
一切法盡不可得故	（都除）	一切法因不可得故	字義

悉曇十八章概説

第一章

初章，共有四百零八字。是將三十四個體文（除自體重字 䍱 llaṃ），增以十二個摩多音組成一章。之後十四章，都是以初章為主體，各自隨其所需增減。每當遇自體兩字將合，則不會出現。即如 ꙮ ka 第一個體文，用為主體。將麼多點依次加上，則成字形。用悉曇韻呼之。則為其字音也。

第二章

將 ya 字之半體合於初章等字之下。除去自重和 ra 字，共生字三百八十四。已下是第二章初字 ꙮ ka 合併後所成的十二字作為參考例子。後章所生字皆如此。

第三章

將 ra 字之半體合於初章等字之下。除去自重共生字三百九十六。已下是第三章初字

第四章

將 ka 合併後所成的十二字作為參考例子。後章所生字皆如此。

將 la 字之半體合初章字之下。除去自重和 ra 字，共生字三百八十四。已下是第四章

第五章

將 ka 字之半體合初章字之下。除去自重和 ra 字，共生字三百八十四。已下是第五章初字合併後所成的十二字作為參考例子。後章所生字皆如此。

第六章

將 _{ma} 字之半體合初章字之下。除去自重和 _{ra} 字，共生字三百八十四。已下是第六章初字 _{ka} 合併後所成的十二字作為參考例子。後章所生字皆如此。

第七章

將 _{na} 字之半體合初章字之下。除去自重和 _{ra} 字，共生字三百八十四。已下是第七章初字 _{ka} 合併後所成的十二字作為參考例子。後章所生字皆如此。

第八章

將 _{ra} 字之半體加初章字之上。除去自重 _{ra} 字。共生字三百九十六。已下是第八章初字 _{ka} 合併後所成的十二字作為參考例子。後章所生字皆如此。

此章後六章之字體，同前第二至七章字體相同，只是加上半體 ra 字。

第九章

將 ra 字之半體加在第二章的字之上，共生字三百八十四。已下是第九章初字 ka 合併後所成的十二字作為參考例子。後章所生字皆如此。

第十章

將 ra 字之半體加在第三章的字之上，共生字三百九十六。已下是第十章初字 ka 合併後所成的十二字作為參考例子。後章所生字皆如此。

第十一章

將 ra 字之半體加在第四章的字之上，共生字三百八十四。已下是第十一章初字 ka

合併後所成的十二字作為參考例子。後章所生字皆如此。

- アロカラ rkla
- アロカラア rklā
- イリキリ rkli
- イリキリイ rklī
- ウルクル rklu
- ウルクルウ rklū
- イリキレイ rkle
- イリキライ rklai
- ラロコロウ rklo
- （ラロカラウ）ラロコロウ rklau
- アロキャラン rklaṃ
- アロキャラク rklaḥ

第十二章

將 ra 字之半體加在第五章的字之上，共生字三百八十四。已下是第十二章初字 ka

合併後所成的十二字作為參考例子。後章所生字皆如此。

- アロカバ rkva
- アロカバア rkvā
- イリキビ rkvi
- イリキビイ rkvī
- ウルクブ rkvu
- ウルクブウ rkvū
- イリキベイ rkve
- イリキバイ rkvai
- ラロコボウ rkvo
- （ラロカバウ）ラロコボウ rkvau
- アロキャバン rkvaṃ
- アロキャバク rkvaḥ

第十三章

將 ra 字之半體加在第六章的字之上，共生字三百八十四。已下是第十三章初字 ka

合併後所成的十二字作為參考例子。後章所生字皆如此。

- アロカマ rkma
- アロカマア rkmā
- イリキミ rkmi
- イリキミイ rkmī
- ウルクム rkmu
- ウルクムウ rkmū
- イリキメイ rkme
- イリキマイ rkmai
- ラロコマウ rkmo
- アラカマウ rkmau
- アロカマン rkmaṃ
- アロキャマク rkmaḥ

第十四章

將ra字之半體加在第七章的字之上，共生字三百八十四。已下是第十四章初字ka。

合併後所成的十二字作為參考例子。後章所生字皆如此。

アロカナ rkna
アロカナア rknā
イリキニ rkni
イリキニイ rknī
ウルクヌ rknu
ウルクヌウ rknū
イリキネイ rkne
イリキナイ rknai
ラロコノウ rkno
（ラロカナウ）ラロコノウ rknau
アロカナン rknaṃ
アロキヤナク rknaḥ

第十五章

以ka迦 ca遮 ṭa吒 ta多 pa跛五字為首組成的五聲類體文，每組最後一字（鼻音），

加於當組前四字之上。及這五組後的遍口聲組及重字（即最後九個體文）各加上第一組最

的ṅa仰字。除去自重共生二十九字。再增以十二個摩多音，共生字三百四十八。已下是每

一組合併後所成的第一字作為參考例子。

第一組	第二組	第三組	第四組	第五組	遍口聲	重字
ṅka	ñca	ṇṭa	nta	mpa	ṅya	ṅkṣa
ṅkha	ñcha	ṇṭha	ntha	mpha	ṅra	
ṅga	ñja	ṇḍa	nda	mba	ṅla	
ṅgha	ñjha	ṇḍha	ndha	mbha	ṅva	
					ṅśa	
					ṅṣa	
					ṅsa	
					ṅha	

第十六章

將三十四個體文（除自體重字 llaṃ），增以二個別摩多再配上兩個麼多音，成字共一百三十六。已下是第十六章初字 ka 合併後所成的四字作為參考例子。

キリ kr
キリイ kṛ
キリイ kr̄
キリン krṃ
キリ krḥ

第十七章

三十四個體文（除自體重字 llam）互相合併，但沒有一定規則，共生三十三字。再配上十二個摩多音，共生字三百九十六。已下為一例子。

（アサカ／アンキャ）ska
（アサカア／アンキャア）skā
（イシキ）ski
（イシキイ）skī
（ウスク）sku
（ウスクウ）skū
（イシケイ）ske
（イシカイ）skai
（ラソコウ）sko
（ラソコウ）skau
（アソケン）skam
（アソキャク）skah

第十八章

除正章之外其他合併字。如有當體兩字重、異體字重、兩字聯聲（後字之聲入於前）、兩重麼多字等等。再配上十二個摩多音，共生字一百二十四。

悉曇十八章一覽表

章	內容
第初章	原35個體文、除自體重字 $\dot{\text{l}}$ laṃ ／ 除自重字及 ra 字：34個體文
第二章	32個體文加上 ya 下部
第三章	33個體文加上 ra 下部
第四章	32個體文加上 la 下部
第五章	32個體文加上 va 下部
第六章	32個體文加上 ma 下部
第七章	32個體文加上 na 下部
第八章	第初章的34個字加上 ra 上部
第九章	第二章的32個字加上 ra 上部
第十章	第三章的33個字加上 ra 上部
第十一章	第四章的32個字加上 ra 上部
第十二章	第五章的32個字加上 ra 上部
第十三章	第六章的32個字加上 ra 上部
第十四章	第七章的32個字加上 ra 上部
第十五章	原35個體文、除自體重字 llaṃ ／ ※五聲類的每組（5個體文）用最後一個字合併前四個體文 ※遍口聲和重字（9個體文）合併 ṅa
第十六章	每字配上2個別摩多再每字再配上2個摩多點
第十七章	34個體文互相合併，但沒有一定規則
第十八章	除正章之外其他合併字

34

半体上部
體文
ka

半体下部
體文
ya

カヤ
キャ
（キャア）

kya

號字	17	42		體文
悉曇文字 朴筆	不	刄		
悉曇文字 丸筆	刄	刄		
異体字	刄			
半体上部	𡗗	刄		
半体下部	𠂆	刄		
漢字音譯	迦	野		
羅馬併音	ka	ya		
日文讀音 中天音	キャ	ヤ		
日文讀音 南天音	カ	ヤ		
發音種別	以下五字喉音 清、無 以下八字遍口聲	以下四字半母音		
字義	一切法離作業故	一切法乘不可得故		

體文		
43	17	字號
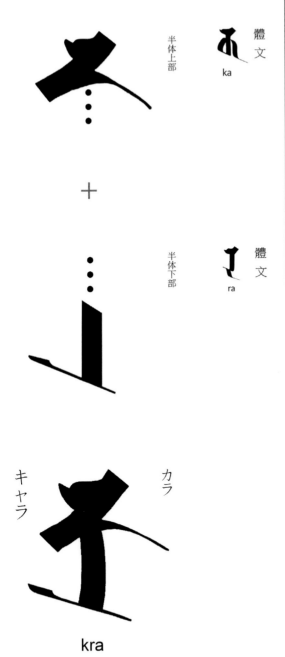		悉曇文字 朴筆
		悉曇文字 丸筆
		異体字
		半体上部
		半体下部
囉	迦	漢字 音譯
ra	ka	羅馬 併音
ラ（アラ）	キャ	日文讀音 中天音
ラ	カ	日文讀音 南天音
	清、無 以下五字喉音	發音種別
一切法離諸塵染故	一切法離作業故	字義

體文 ka

體文 ra

半体上部

半体下部

＋

キャラ　カラ

kra

36

體	文		
44	17	號字	
 	 	朴筆	悉曇文字
 	 	丸筆	悉曇文字
 	 		異体字
 	 	半体上部	
 	 	半体下部	
邏	迦	音譯	漢字
la	ka	併音	羅馬
ラ	キャ	中天音	日文讀音
ラ	カ	南天音	日文讀音
	清、無	以下五字喉音	發音種別
一切法相不可得故	一切法離作業故		字義

體文
ka

半体上部

＋

半体下部

體文
la

カラ

キャラ

kla

45	17	字號
體文 va	體文 ka	體文
（悉曇文字）	（悉曇文字）	悉曇文字 朴筆
（悉曇文字）	（悉曇文字）	悉曇文字 丸筆
	（異体字）	異体字
半体上部	半体上部	半体上部
半体下部	半体下部	半体下部
嚩	迦	漢字 音譯
va	ka	羅馬 併音
バ	キャ	日文讀音 中天音
バ	カ	日文讀音 南天音
	清、無 以下五字喉音	發音種別
一切法語言道斷故	一切法離作業故	字義

半体上部

＋

半体下部

キャバ　カバ

kva

項目	17	41
字號 體文		
悉曇文字 朴筆		
悉曇文字 丸筆		
異体字		
半体上部		
半体下部		
漢字音譯	迦	莽
羅馬併音	ka	ma
日文讀音 中天音	キヤ	マウ
日文讀音 南天音	カ	マ
發音種別	以下五字喉音 清、無	鼻音以上五組二 十五字五類聲
字義	一切法離作業故	一切法吾我不可得故

體文 ka
半体上部

＋

半体下部
體文 ma

カヤ
キャマ
kma

字 號	文 17	體 36
悉曇文字 朴筆	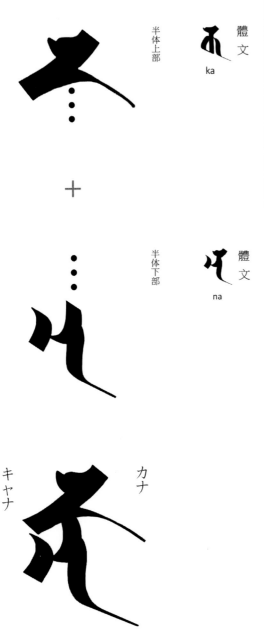	
悉曇文字 丸筆		
異体字		
半体上部		
半体下部		
漢 字 音譯	迦	曩
羅 馬 併音	ka	na
日文讀音 中天音	キヤ	ナウ
日文讀音 南天音	カ	ナ
發音種別	清、無 以下五字喉音	鼻音
字 義	一切法離作業故	一切法名不可得故

半体上部

體文 ka

+

半体下部

體文 na

カナ

キヤナ

kna

文字	體	
號字	43	17
悉曇文字 朴筆	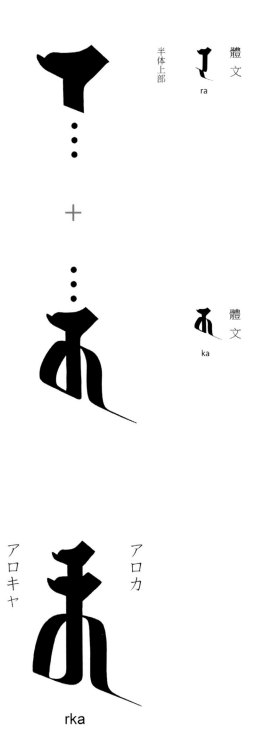	
悉曇文字 丸筆		
異体字		
半体上部		
半体下部		
漢字音譯	囉	迦
羅馬併音	ra	ka
日文讀音 中天音	（アラ）ラ	キヤ
日文讀音 南天音	ラ	カ
發音種別		以下五字喉音 清、無
字義	一切法離諸塵染故	一切法離作業故

體文
ra
半体上部

＋

體文
ka
半体上部

アロカ

アロキヤ

rka

字號	文 體 43	文 體 17	文 體 42
悉曇文字 朴筆	〔悉曇〕	〔悉曇〕	〔悉曇〕
悉曇文字 丸筆	〔悉曇〕	〔悉曇〕	〔悉曇〕
異体字		〔悉曇〕	
半体上部	〔悉曇〕	〔悉曇〕	〔悉曇〕
半体下部	〔悉曇〕	〔悉曇〕	〔悉曇〕
漢字 音譯	囉	迦	野
羅馬 併音	ra	ka	ya
日文讀音 中天音	（アラ） ラ	キャ	ャ
日文讀音 南天音	ラ	カ	ャ
發音種別		以下五字喉音 清、無	以下八字遍口聲 以下四字半母音
字義	一切法離諸塵染故	一切法離作業故	一切法乘不可得故

體文 ra　半体上部

體文 ka　半体上部

體文 ya　半体下部

アロキャ

アロカヤ

rkya

體	文	體	文
43	17	43	號字
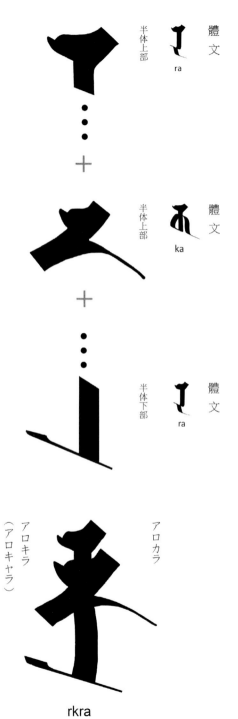			悉曇文字 朴筆
			悉曇文字 丸筆
			異體字
			半体上部
			半体下部
囉	迦	囉	漢字 音譯
ra	ka	ra	羅馬 併音
（アラ）ラ	キャ	（アラ）ラ	日文讀音 中天音
ラ	カ	ラ	日文讀音 南天音
	以下五字喉音 清、無		發音種別
一切法離諸塵染故	一切法離作業故	一切法離諸塵染故	字義

半体上部 體文 ra

半体上部 體文 ka

半体下部 體文 ra

アロカラ（アロキャラ）

アロキラ（アロキャラ）

rkra

文 體		文 體	字 號
44	17	43	字號
			悉曇文字 朴筆
			悉曇文字 九筆
			異体字
			半体上部
			半体下部
邏	迦	囉	漢字音譯
la	ka	ra	羅馬拼音
ラ	キャ	（アラ）ラ	日文讀音 中天音
ラ	カ	ラ	日文讀音 南天音
清、無	以下五字喉音		發音種別
一切法相不可得故	一切法離作業故	一切法離諸塵染故	字義

體文 ra 半体上部

體文 ka 半体上部

體文 la 半体下部

アロキャラ

アロカラ

rkla

號字	體文 43	體文 17	體文 45
悉曇文字 朴筆	𑖰	𑖎	𑖪
悉曇文字 九筆			
異体字		𑖎	
半体上部			
半体下部			
漢字 音譯	囉	迦	嚩
羅馬 併音	ra	ka	va
日文讀音 中天音	ラ（アラ）	キャ	バ
日文讀音 南天音	ラ	カ	バ
發音種別		以下五字喉音 清、無	
字義	一切法離諸塵染故	一切法離作業故	一切法語言道斷故

體文 ra 半体上部

體文 ka 半体上部

體文 va 半体下部

アロカバ
アロキヤバ

rkva

體文 上部 ra / 體文 ka / 體文 ma

半体上部 / 半体上部 / 半体下部

アロキヤマ / アロカマ

rkma

體文 41	體文 17	體文 43	字 號
			悉曇文字 朴筆
			悉曇文字 丸筆
			異体字
			半体上部
			半体下部
莽	迦	囉	漢字音譯
ma	ka	ra	羅馬併音
マウ	キヤ	（アラ）ラ	日文讀音 中天音
マ	カ	ラ	日文讀音 南天音
鼻音以上五字組二 十五字五類聲	以下五字喉音 清、無		發音種別
一切法吾我不可得故	一切法離作業故	一切法離諸塵染故	字義

第十三章

字號	43	17	36
悉曇文字 樸筆			
悉曇文字 丸筆			
異体字			
半体上部			
半体下部			
漢字音譯	囉	迦	曩
羅馬併音	ra	ka	na
日文讀音 中天音	（アラ）ラ	キヤ	ナウ
日文讀音 南天音	ラ	カ	ナ
發音種別		清、無 以下五字喉音	鼻音
字義	一切法離諸塵染故	一切法離作業故	一切法名不可得故

體文 ra　半体上部

體文 ka　半体上部

體文 na　半体下部

アロキヤナ　アロカナ

rkna

字號	17	21
悉曇文字 朴筆		
悉曇文字 丸筆		
異体字		
半体上部		
半体下部		
漢字音譯	迦	仰
羅馬併音	ka	ṅa
日文讀音 中天音	キャ	ギャウ
日文讀音 南天音	カ	ガ
發音種別	以下五字喉音 清、無	鼻音
字義	一切法離作業故	一切法支分不可得故

體文　ṅa　半体上部

＋

體文　ka

アウキャ　アウカ

ṅka

別 摩 多		體 文	
字 號	13	字 號	17
悉曇文字 朴筆		悉曇文字 朴筆	
悉曇文字 丸筆		悉曇文字 丸筆	
異体字		異体字	
摩多點		半体上部	
		半体下部	
漢字 音譯	哩	漢字 音譯	迦
羅馬 併音	r̥	羅馬 併音	ka
日文讀音 中天音	リ	日文讀音 中天音	キャ
日文讀音 南天音	キリ	日文讀音 南天音	カ
發音種別	以下四字流滑 母音	發音種別	以下五字喉音 清、無
字義	一切法神通不可得故	字義	一切法離作業故

體文 ka

別摩多 摩多點

半体上部

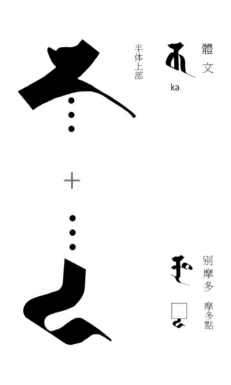

キリ　キリ

kṛ

48	17	號　字
（悉曇文字）	（悉曇文字）	悉曇文字　朴筆
（悉曇文字）	（悉曇文字）	悉曇文字　丸筆
	（異体字）	異体字
（半体上部）	（半体上部）	半体上部
（半体下部）	（半体下部）	半体下部
娑	迦	漢字　音譯
sa	ka	羅馬　併音
サ	キヤ	日文讀音　中天音
サ	カ	日文讀音　南天音
	以下五字喉音　清、無	發音種別
一切法一切諦不可得故	一法離作業故	字義

體文

體文　sa
半体上部

＋

體文　ka
半体下部

ska
アソキヤ
（アサカ）
アソカ
アソキヤ

50

32	37	字　號
		悉曇文字　朴筆
		悉曇文字　丸筆
		異体字
		半体上部
		半体下部
多	跛	漢字　音譯
ta	pa	羅馬　併音
タ	ハ	日文讀音　中天音
タ	ハ	日文讀音　南天音
以下五字齒音　清、無	以下五字唇音　清、無	發音種別
一切法如如不可得故	一切法第一義諦不可得故	字義

體文　pa　半体上部

＋

體文　ta　半体下部

アハタ
アハタ

pta

第四章

悉曇十八章內容

第一章

シャ ca	ギャウ ṅa	ギャ gha	ギャ ga	キャ kha	キャ ka
シャア cā	ギャア ṅā	ギャア ghā	ギャア gā	キャア khā	キャア kā
シ ci	ギ ṅi	ギ ghi	ギ gi	キ khi	キ ki
シイ cī	ギイ ṅī	ギイ ghī	ギイ gī	キイ khī	キイ kī
ス cu	ソウ ṅu	ゴウ ghu	ゴウ gu	クウ khu	コウ ku
スウ cū	ソウー ṅū	ゴウー ghū	ゴウー gū	クウー khū	コウー kū
セイ ce	ゲイ ṅe	ゲイ ghe	ゲイ ge	ケイ khe	ケイ ke
サイ cai	ガイ ṅai	ガイ ghai	ガイ gai	カイ khai	カイ kai
ソウ co	ゴウ ṅo	ゴウ gho	ゴウ go	コウ kho	コ ko
ソウ cau	ゴウ ṅau	ガウ ghau	ガウ gau	コウ khau	カウ kau
セン caṃ	ゲン ṅaṃ	ガン ghaṃ	ガン gaṃ	ケン khaṃ	カン kaṃ
シャク caḥ	ギャク ṅaḥ	ギャク ghaḥ	ギャク gaḥ	キャク khaḥ	キャ kaḥ

54

ダ da	タ⑦ tha	タ ta	ダ(ナウ)⑥ ṇa	ダ ḍha	ダ ḍa
ダア dā	ダア thā	タア tā	ダア ṇā	ダア ḍhā	ダア ḍā
チ di	チ thi	チ ti	チ ṇi	チ ḍhi	チ ḍi
チイ dī	チイ thī	チイ tī	チイ ṇī	チイ ḍhī	チイ ḍī
ツ/ドウ du	ツ/トウ thu	ツ/トウ tu	ツ/ドウ ṇu	ツ/ドウ ḍhu	ツ/ドウ ḍu
ツウ/ドウー dū	ツウ/トウー thū	ツ/トウー tū	ツウ/ドウー ṇū	ツウ/ドウー ḍhū	ツ/ドウー ḍū
デイ de	デイ the	デイ te	デイ ṇe	デイ ḍhe	デイ ḍe
ダイ dai	タイ thai	タイ tai	ダイ ṇai	ダイ ḍhai	ダイ ḍai
ドウ do	トウ tho	トウ to	ドウ ṇo	ドウ ḍho	ドウ ḍo
ドウ/ダウ dau	トウ/タウ thau	トウ/タウ tau	ドウ/ダウ ṇau	ドウ/ダウ ḍhau	ドウ/ダウ ḍau
ダン daṃ	タン thaṃ	タン taṃ	ダン ṇaṃ	ダン ḍhaṃ	ダン ḍaṃ
ダク daḥ	タク thaḥ	タク taḥ	ダク ṇaḥ	ダク ḍhaḥ	ダク ḍaḥ

56

śa	va	la	ra	ya	ma
śā	vā	lā	rā	yā	mā
śi	vi	li	ri	yi	mi
śī	vī	lī	rī	yī	mī
śu	vu	lu	ru	yu	mu
śū	vū	lū	rū	yū	mū
śe	ve	le	re	ye	me
śai	vai	lai	rai	yai	mai
śo	vo	lo	ro	yo	mo
śau	vau	lau	rau	yau	mau
śaṃ	vaṃ	laṃ	raṃ	yaṃ	maṃ
śaḥ	vaḥ	laḥ	raḥ	yaḥ	maḥ

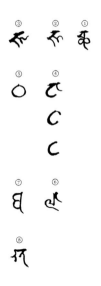

シャ （シャア） cya	ギャ （ギャア） ṅya	ギャ （ギャア） ghya	ギャ （ギャア） gya	ガャ （キャア） khya	カャ （キャア） kya
シャア cyā	ギャア ṅyā	ギャア ghyā	ギャア gyā	カャア khyā	カャア kyā
シイ cyi	シイ ṅyi	ギイ ghyi	ギイ gyi	キイ khyi	キイ kyi
シイイ cyī	ギイイ ṅyī	ギイイ ghyī	ギイイ gyī	ギイイ khyī	キイイ kyī
スユ cyu	ソョウ ṅyu	グユ ghyu	グユ gyu	クユ khyu	クユ kyu
スユウ cyū	ソョウ ṅyū	グユウ ghyū	グユウ gyū	クユウ khyū	クユウ kyū
シエイ cye	ギエイ ṅye	ギエイ ghye	ギエイ gye	キエイ khye	キエイ kye
シャイ cyai	ギャイ ṅyai	ギャイ ghyai	ギャイ gyai	キャイ khyai	キャイ kyai
ソョウ cyo	ギョウ ṅyo	ゴョウ ghyo	ゴョウ gyo	コョウ khyo	コョウ kyo
ソョウ cyau	ゴョウ ṅyau	ゴョゥ ghyau	ゴョウ gyau	コョウ khyau	コョウ kyau
シエン cyaṃ	ギャン ṅyaṃ	ギャン ghyaṃ	ギャン gyaṃ	キャン khyaṃ	キャン kyaṃ
シャク cyaḥ	ギャク ṅyaḥ	ギャク ghyaḥ	ギャク gyaḥ	キャク khyaḥ	キャク kyaḥ

ṭhya	ṭya	ñya	jhya	jya	chya
ṭhyā	ṭyā	ñyā	jhyā	jyā	chyā
ṭhyi	ṭyi	ñyi	jhyi	jyi	chyi
ṭhyī	ṭyī	ñyī	jhyī	jyī	chyī
ṭhyu	ṭyu	ñyu	jhyu	jyu	chyu
ṭhyū	ṭyū	ñyū	jhyū	jyū	chyū
ṭhye	ṭye	ñye	jhye	jye	chye
ṭhyai	ṭyai	ñyai	jhyai	jyai	chyai
ṭhyo	ṭyo	ñyo	jhyo	jyo	chyo
ṭhyau	ṭyau	ñyau	jhyau	jyau	chyau
ṭhyaṃ	ṭyaṃ	ñyaṃ	jhyaṃ	jyaṃ	chyaṃ
ṭhyaḥ	ṭyaḥ	ñyaḥ	jhyaḥ	jyaḥ	chyaḥ

dya	thya	tya	ŋya ①	ḍhya	ḍya
dyā	thyā	tyā	ŋyā	ḍhyā	ḍyā
dyi	thyi	tyi	ŋyi	ḍhyi	ḍyi
dyī	thyī	tyī	ŋyī	ḍhyī	ḍyī
dyu	thyu	tyu	ŋyu	ḍhyu	ḍyu
dyū	thyū	tyū	ŋyū	ḍhyū	ḍyū
dye	thye	tye	ŋye	ḍhye	ḍye
dyai	thyai	tyai	ŋyai	ḍhyai	ḍyai
dyo	thyo	tyo	nyo	ḍhyo	ḍyo
dyau	thyau	tyau	ŋyau	ḍhyau	ḍyau
dyaṃ	thyaṃ	tyaṃ	ŋyaṃ	ḍhyaṃ	ḍyaṃ
dyaḥ	thyaḥ	tyaḥ	ŋyaḥ	ḍhyaḥ	ḍyaḥ

ビャ bhya	ビャ bya	ヒャ phya	ヒャ pya	ニャ nya	（ダヤ／ヂヤ） dhya
ビャア bhyā	ビャア byā	ヒャア phyā	ヒャア pyā	ニャア nyā	ダア／ヂア dhyā
ビイ bhyi	ビイ byi	ヒイ phyi	ヒイ pyi	ニイ nyi	ヂイ dhyi
ビイイ bhyī	ビイイ byī	ヒイイ phyī	ヒイイ pyī	ニイイ nyī	ヂイイ dhyī
ビュ bhyu	ビュ／ボヨウ byu	フュ／ホヨウ phyu	フュ／ホヨウ pyu	ヌユ／ノヨウ nyu	ヅユ／ドヨウ dhyu
ブユウ bhyū	ブユウ／ボヨウ byū	フユウ／ホヨウ phyū	ホヨウ pyū	ヌユウ／ノヨウ nyū	ヅユウ／ドヨウ dhyū
ビエイ bhye	ビエイ bye	ヒエイ phye	ヒエイ pye	ニエイ nye	ヂエイ dhye
ビヤイ bhyai	ビヤイ byai	ヒヤイ phyai	ヒヤイ pyai	ニヤイ nyai	ヂヤイ dhyai
ボヨウ bhyo	ボヨウ byo	ホヨウ phyo	ホヨウ pyo	ノヨウ nyo	ドヨウ dhyo
ボヨウ bhyau	ボヨウ byau	ホヨウ phyau	ホヨウ pyau	ノヤウ nyau	ドヤウ dhyau
ビエン bhyaṃ	ビエン byaṃ	ヒエン phyaṃ	ヒヤン pyaṃ	ニエン nyaṃ	ヂエン dhyaṃ
ビャク bhyaḥ	ビャク byaḥ	ヒヤク phyaḥ	ヒヤク pyaḥ	ニヤク nyaḥ	ヂヤ dhyaḥ

syа · ṣya · śya · vya · lya · mya
syǎ · ṣyǎ · śyǎ · vyǎ · lyǎ · myǎ
syi · ṣyi · śyi · vyi · lyi · myi
syī · ṣyī · śyī · vyī · lyī · myī
syu · ṣyu · śyu · vyu · lyu · myu
syū · ṣyū · śyū · vyū · lyū · myū
sye · ṣye · śye · vye · lye · mye
syai · ṣyai · śyai · vyai · lyai · myai
syo · ṣyo · śyo · vyo · lyo · myo
syau · ṣyau · śyau · vyau · lyau · myau
syaṃ · ṣyaṃ · śyaṃ · vyaṃ · lyaṃ · myaṃ
syaḥ · ṣyaḥ · śyaḥ · vyaḥ · lyaḥ · myaḥ

③ ② ①

キャ / kṣya (キシャヤ)	キャ / hya ③
サシャア / kṣyā	キャア / hyā
キシイ / kṣyi	キイ / hyi
キシイイ / kṣyī	キイイ / hyī
クスユ / kṣyu	クユ / hyu
クスユウ / kṣyū	クユウ / hyū
キシエイ / kṣye	キエイ / hye
キシヤイ / kṣyai	キヤイ / hyai
コソヨウ / kṣyo	コヨウ / hyo
コソヤウ / kṣyau	コヤウ / hyau
キシヤエン / kṣyaṃ	キエン / hyaṃ
キシヤク / kṣyaḥ	キャク / hyaḥ

cra	ṅra	ghra	gra	khra	kra
crā	ṅrā	ghrā	grā	khrā	krā
cri	ṅri	ghri	gri	khri	kri
crī	ṅrī	ghrī	grī	khrī	krī
cru	ṅru	ghru	gru	khru	kru
crū	ṅrū	ghrū	grū	khrū	krū
cre	ṅre	ghre	gre	khre	kre
crai	ṅrai	ghrai	grai	khrai	krai
cro	ṅro	ghro	gro	khro	kro
crau	ṅrau	ghrau	grau	khrau	krau
craṃ	ṅraṃ	ghraṃ	graṃ	khraṃ	kraṃ
craḥ	ṅraḥ	ghraḥ	graḥ	khraḥ	kraḥ

thra	ṭra	ñra	jhra	jra	chra
thrā	ṭrā	ñrā	jhrā	jrā	chrā
thri	ṭri	ñri	jhri	jri	chri
thrī	ṭrī	ñrī	jhrī	jrī	chrī
thru	ṭru	ñru	jhru	jru	chru
thrū	ṭrū	ñrū	jhrū	jrū	chrū
thre	ṭre	ñre	jhre	jre	chre
thrai	ṭrai	ñrai	jhrai	jrai	chrai
thro	ṭro	ñro	jhro	jro	chro
thrau	ṭrau	ñrau	jhrau	jrau	chrau
thraṃ	ṭraṃ	ñraṃ	jhraṃ	jraṃ	chraṃ
thraḥ	ṭraḥ	ñraḥ	jhraḥ	jraḥ	chraḥ

ダラ dra	タラ thra	タラ tra	① ṇra	ダラ ḍhra	ダラ ḍra
ダラア drā	タラア thrā	タラア trā	ṇrā	ダラア ḍhrā	ダラア ḍrā
チリ dri	チリ thri	チリ tri	チリ ṇri	チリ ḍhri	チリ ḍri
チリイ drī	チリイ thrī	チリイ trī	チリイ ṇrī	チリイ ḍhrī	チリイ ḍrī
ヅル ドロウ dru	ツル トロウ thru	ツル トロウ tru	ヅル ドロウ ṇru	ヅル ドロウ ḍhru	ヅル ドロウ ḍru
ヅルウ ドロウ drū	ツルウ トロウ thrū	ツルウ トロウ trū	ヅルウ ドロウ ṇrū	ヅルウ ドロウ ḍhrū	ヅルウ ドロウ ḍrū
チレイ dre	チレイ thre	チレイ tre	チレイ ṇre	チレイ ḍhre	チレイ ḍre
チライ drai	チライ thrai	チライ trai	チライ ṇrai	チライ ḍhrai	チライ ḍrai
ドロウ dro	トロウ thro	トロウ tro	ドロウ ṇro	ドロウ ḍhro	ドロウ ḍro
ドロウ drau	トロウ thrau	トロウ trau	ドロウ ṇrau	ドロウ ḍhrau	ドロウ ḍrau
ダラン draṃ	タラン thraṃ	タラン traṃ	ダラン ṇraṃ	ダラン ḍhraṃ	ダラン ḍraṃ
ダラク draḥ	タラク thraḥ	タラク traḥ	ダラク ṇraḥ	ダラク ḍhraḥ	ダラク ḍraḥ

バラ bhra	バラ bra	ハラ phra	ハラ pra	ナラ nra	ダラ dhra
バラア bhrā	バラア brā	ハラア phrā	ハラア prā	ナラア nrā	ダラア dhrā
ビリ bhri	ビリ bri	ヒリ phri	ヒリ pri	ニリ nri	ヂリ dhri
ビリイ bhrī	ビリイ brī	ヒリイ phrī	ヒリイ prī	ニリイ nrī	ヂリイ dhrī
ブル bhru	ブル bru	フル phru	フル pru	ヌル nru	ツル dhru
ブルウ bhrū	ブルウ brū	フルウ phrū	フルウ prū	ヌルウ nrū	ツルウ dhrū
ブレイ bhre	ブレイ bre	フレイ phre	フレイ pre	ニレイ nre	ヂレイ dhre
ブライ bhrai	ブライ brai	フライ phrai	フライ prai	ニライ nrai	ヂライ dhrai
ボロウ bhro	ボロウ bro	ホロウ phro	ホロウ pro	ノロウ nro	ドロウ dhro
ボラウ bhrau	ボラウ brau	ホラウ phrau	ホラウ prau	ノラウ nrau	ドラウ dhrau
バラン bhraṃ	バラン braṃ	ハラン phraṃ	ハラン praṃ	ナラン nraṃ	ダラン dhraṃ
バラク bhraḥ	バラク braḥ	ハラク phraḥ	ハラク praḥ	ナラク nraḥ	ダラク dhraḥ

ṣ-	ś-	v-	l-	y-	m-
ṣra サラ（シラ）（シャラ）	śra ② サラ（シ）（シャラ）	vra バラ（パラ）	lra ララ（ラ）	yra ヤラ（ヤ）	mra マラ（ミヤラ）
ṣrā サラア（シラア）	śrā サラア（シラア）	vrā バラア（パラア）	lrā ララア（ラア）	yrā ヤラア（ヤ）	mrā マラア（マ）
ṣri シリ	śri シリ	vri ビリ	lri リリ（リ）	yri イリ（イ）	mri ミリ
ṣrī シリイ	śrī シリイ	vrī ビリイ	lrī リリイ（リ）	yrī イリイ（イ）	mrī ミリイ
ṣru スル（ソロウ）	śru ソロウ（スル）	vru ブル（ボロウ）	lru ルル（ロロウ）	yru ユル（ヨロウ）	mru ムル（モロウ）
ṣrū スルウ（ソロウ）	śrū スルウ（ソロウ）	vrū ブルウ（ボロウ）	lrū ルルウ（ロロウ）	yrū ユルウ（ヨロウ）	mrū ムルウ（モロウ）
ṣre シレイ	śre シレイ	vre ビレイ	lre リレイ（リ）	yre イレイ（イ）	mre ミレイ
ṣrai シライ	śrai シライ	vrai ビライ	lrai リライ（リ）	yrai イライ（イ）	mrai ミライ
ṣro ソロウ	śro ソロウ	vro ボロウ	lro ロロウ（ロ）	yro ヨロウ（ヨ）	mro モロウ
ṣrau ソロウ	śrau ソラウ（ソロウ）	vrau ボロウ（ボラウ）	lrau ロロウ（ラウ）	yrau ヨロウ（ヨラウ）	mrau モロウ（モラウ）
ṣraṃ シャラン（サラン）	śraṃ シャラン（サラン）	vraṃ バラン（パラン）	lraṃ ララン（ラ）	yraṃ ヤラン（ヤ）	mraṃ マラン（マ）
ṣraḥ シャラク（サラク）	śraḥ シャラク（サラ）	vraḥ バラク（パラ）	lraḥ ララク（ラ）	yraḥ ヤラク（ヤ）	mraḥ マラク（マ）

③ ② ①

	サラ （キシャラ） kṣra		カラ hra ③		サラ シラ sra
	サラア キサラア kṣrā		カラア カラア hrā		サラア シラア srā
	シリ キシリ kṣri		キリ キリ hri		シリ シリ sri
	シリイ キシリイ kṣrī		キリイ キリイ hrī		シリイ シリイ srī
	ソロウ クスル kṣru		クル コロウ hru		ソロウ スル sru
	ソロウ クスルウ kṣrū		クルウ コロウ hrū		ソロウ スルウ srū
	シレイ キシレイ kṣre		キレイ キレイ hre		シレイ シレイ sre
	シライ キシレイ kṣrai		キライ キライ hrai		シライ シライ srai
	ソロウ コソロウ kṣro		コロウ コロウ hro		ソロウ ソロウ sro
	ソラウ コソロウ kṣrau		コロウ コロウ hrau		ソラウ コラウ srau
	サラン キサラン kṣraṃ		カラン カラン hraṃ		サラン シャラン sraṃ
	サラ キサラク kṣraḥ		カラ カラク hraḥ		サラ シャラク sraḥ

cla	ṅla	ghla	gla	khla	kla
clā	ṅlā	ghlā	glā	khlā	klā
cli	ṅli	ghli	gli	khli	kli
clī	ṅlī	ghlī	glī	khlī	klī
clu	ṅlu	ghlu	glu	khlu	klu
clū	ṅlū	ghlū	glū	khlū	klū
cle	ṅle	ghle	gle	khle	kle
clai	ṅlai	ghlai	glai	khlai	klai
clo	ṅlo	ghlo	glo	khlo	klo
clau	ṅlau	ghlau	glau	khlau	klau
claṃ	ṅlaṃ	ghlaṃ	glaṃ	khlaṃ	klaṃ
claḥ	ṅlaḥ	ghlaḥ	glaḥ	khlaḥ	klaḥ

ṭhla ṭla ñla jhla jla chla

ṭhlā ṭlā ñlā jhlā jlā chlā

ṭhli ṭli ñli jhli jli chli

ṭhlī ṭlī ñlī jhlī jlī chlī

ṭhlu ṭlu ñlu jhlu jlu chlu

ṭhlū ṭlū ñlū jhlū jlū chlū

ṭhle ṭle ñle jhle jle chle

ṭhlai ṭlai ñlai jhlai jlai chlai

ṭhlo ṭlo ñlo jhlo jlo chlo

ṭhlau ṭlau ñlau jhlau jlau chlau

ṭhlaṃ ṭlaṃ ñlaṃ jhlaṃ jlaṃ chlaṃ

ṭhlaḥ ṭlaḥ ñlaḥ jhlaḥ jlaḥ chlaḥ

dla	thla	tla	ṇla	ḍhla	ḍla
dlā	thlā	tlā	ṇlā	ḍhlā	ḍlā
dli	thli	tli	ṇli	ḍhli	ḍli
dlī	thlī	tlī	ṇlī	ḍhlī	ḍlī
dlu	thlu	tlu	ṇlu	ḍhlu	ḍlu
dlū	thlū	tlū	ṇlū	ḍhlū	ḍlū
dle	thle	tle	ṇle	ḍhle	ḍle
dlai	thlai	tlai	ṇlai	ḍhlai	ḍlai
dlo	thlo	tlo	ṇlo	ḍhlo	ḍlo
dlau	thlau	tlau	ṇlau	ḍhlau	ḍlau
dlaṃ	thlaṃ	tlaṃ	ṇlaṃ	ḍhlaṃ	ḍlaṃ
dlaḥ	thlaḥ	tlaḥ	ṇlaḥ	ḍhlaḥ	ḍlaḥ

バラ bhla	バラ bla	ハラ phla	ハラ pla	ナラ (ナウラ) nla	ダラ dhla
バラア bhlā	バラア blā	ハラア phlā	ハラア plā	ナラア nlā	ダラア dhlā
ビリ bhli	ビリ bli	ヒリ phli	ヒリ pli	ニリ nli	ヂリ dhli
ビリイ bhlī	ビリイ blī	ヒリイ phlī	ヒリイ plī	ニリイ nlī	ヂリイ dhlī
ブル ボロウ bhlu	ブル ボロウ blu	フル ホロウ phlu	フル ホロウ plu	ヌル ノロウ nlu	ヅル ドロウ dhlu
ブルウ ボロウ bhlū	ブルウ blū	フルウ ホロウ phlū	フルウ plū	ヌルウ ノロウ nlū	ヅルウ ドロウ dhlū
ブレイ bhle	ブレイ ble	フレイ phle	フレイ ple	ニレイ nle	ヂレイ dhle
ブライ bhlai	ブライ blai	フライ phlai	フライ plai	ニライ nlai	ヂライ dhlai
ボロウ bhlo	ボロウ blo	ホロウ phlo	ホロウ plo	ノロウ nlo	ドロウ dhlo
ボロウ bhlau	ボラウ blau	ホロウ phlau	ホロウ plau	ノラウ nlau	ドラウ dhlau
バラン bhlaṃ	バラン blaṃ	ハラン phlaṃ	ハラン plaṃ	ナラン nlaṃ	ダラン dhlaṃ
バラク bhlaḥ	バラク blaḥ	ハラク phlaḥ	ハラク plaḥ	ナラク niaḥ	ダラク dhlaḥ

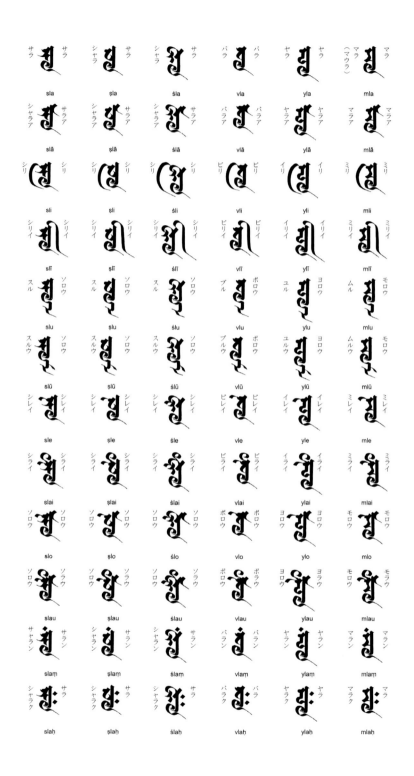

sla	ṣla	śla	vla	yla	mla
slā	ṣlā	ślā	vlā	ylā	mlā
sli	ṣli	śli	vli	yli	mli
slī	ṣlī	ślī	vlī	ylī	mlī
slu	ṣlu	ślu	vlu	ylu	mlu
slū	ṣlū	ślū	vlū	ylū	mlū
sle	ṣle	śle	vle	yle	mle
slai	ṣlai	ślai	vlai	ylai	mlai
slo	ṣlo	ślo	vlo	ylo	mlo
slau	ṣlau	ślau	vlau	ylau	mlau
slaṃ	ṣlaṃ	ślaṃ	vlaṃ	ylaṃ	mlaṃ
slaḥ	ṣlaḥ	ślaḥ	vlaḥ	ylaḥ	mlaḥ

76

キシャラ サラ
kṣla

カラ カラ
hla

キシャラア サラア
kṣlā

カラア カラア
hlā

キシリ シリ
kṣli

キリ キリ
hli

キシリイ シリイ
kṣlī

キリイ キリイ
hlī

クスル ソロウ
kṣlu

クル コロウ
hlu

クスルウ ソロウ
kṣlū

クルウ コロウ
hlū

キシレイ シレイ
kṣle

キレイ キレイ
hle

キシライ シライ
kṣlai

キライ コロウ
hlai

コソロウ ソロウ
kṣlo

コロウ コロウ
hlo

コソロウ ソラウ
kṣlau

コラウ コロウ
hlau

キシャラン サラン
kṣlaṃ

カラン カラン
hlaṃ

キシャラク サラ
kṣlaḥ

カラ カラ
hlaḥ

シャバ サバ / cva	ギャバ ガバ / ṅva	ギャバ ガバ / ghva	ギャバ ガバ / gva	キャバ カバ / khva	キャバ カバ / kva
シャバア サバア / cvā	ギャバア ガバア / ṅvā	ギャバア ガバア / ghvā	ギャバア ガバア / gvā	キャバア カバア / khvā	キャバア カバア / kvā
シビ シビ / cvi	ギビ ギビ / ṅvi	ギビ ギビ / ghvi	ギビ ギビ / gvi	キビ キビ / khvi	キビ キビ / kvi
シビイ シビイ / cvī	ギビイ ギビイ / ṅvī	ギビイ ギビイ / ghvī	ギビイ ギビイ / gvī	キビイ キビイ / khvī	キビイ キビイ / kvī
スブ ソボウ / cvu	グブ ゴボウ / ṅvu	グブ ゴボウ / ghvu	グブ ゴボウ / gvu	クブ コボウ / khvu	クブ コボウ / kvu
スブウ ソボウ / cvū	グブウ ゴボウ / ṅvū	グブウ ゴボウ / ghvū	グブウ ゴボウ / gvū	クブウ コボウ / khvū	クブウ コボウ / kvū
シベイ シベイ / cve	ギベイ ギベイ / ṅve	ギベイ ギベイ / ghve	ギベイ ギベイ / gve	キベイ キベイ / khve	キベイ キベイ / kve
シバイ シバイ / cvai	ギバイ ギバイ / ṅvai	ギバイ ギバイ / ghvai	ギバイ ギバイ / gvai	キバイ キバイ / khvai	キバイ キバイ / kvai
ソボウ ソボウ / cvo	ゴボウ ゴボウ / ṅvo	ゴボウ ゴボウ / ghvo	ゴボウ ゴボウ / gvo	コボウ コボウ / khvo	コボウ コボウ / kvo
ソボウ ソバウ / cvau	ゴボウ ゴバウ / ṅvau	ゴボウ ゴバウ / ghvau	ゴボウ ゴバウ / gvau	コボウ コバウ / khvau	コボウ （カバウ） コバウ / kvau
シャバン サバン / cvaṃ	ギャバン ガバン / ṅvaṃ	ギャバン ガバン / ghvaṃ	ギャバン ガバン / gvaṃ	キャバン カバン / khvaṃ	キャバン カバン / kvaṃ
シャバク サバ / cvaḥ	ギャバク ガバ / ṅvaḥ	ギャバク ガバ / ghvaḥ	ギャバク ガバ / gvaḥ	キャバク カバ / khvaḥ	キャバク カバ / kvaḥ

ṭhva	ṭva	ñva	jhva	jva	chva
ṭhvā	ṭvā	ñvā	jhvā	jvā	chvā
ṭhvi	ṭvi	ñvi	jhvi	jvi	chvi
ṭhvī	ṭvī	ñvī	jhvī	jvī	chvī
ṭhvu	ṭvu	ñvu	jhvu	jvu	chvu
ṭhvū	ṭvū	ñvū	jhvū	jvū	chvū
ṭhve	ṭve	ñve	jhve	jve	chve
ṭhvai	ṭvai	ñvai	jhvai	jvai	chvai
ṭhvo	ṭvo	ñvo	jhvo	jvo	chvo
ṭhvau	ṭvau	ñvau	jhvau	jvau	chvau
ṭhvaṃ	ṭvaṃ	ñvaṃ	jhvaṃ	jvaṃ	chvaṃ
ṭhvaḥ	ṭvaḥ	ñvaḥ	jhvaḥ	jvaḥ	chvaḥ

dva   thva   tva   ṇva   ḍhva   ḍva

dvā   thvā   tvā   ṇvā   ḍhvā   ḍvā

dvi   thvi   tvi   ṇvi   ḍhvi   ḍvi

dvī   thvī   tvī   ṇvī   ḍhvī   ḍvī

dvu   thvu   tvu   ṇvu   ḍhvu   ḍvu

dvū   thvū   tvū   ṇvū   ḍhvū   ḍvū

dve   thve   tve   ṇve   ḍhve   ḍve

dvai   thvai   tvai   ṇvai   ḍhvai   ḍvai

dvo   thvo   tvo   ṇvo   ḍhvo   ḍvo

dvau   thvau   tvau   ṇvau   ḍhvau   ḍvau

dvaṃ   thvaṃ   tvaṃ   ṇvaṃ   ḍhvaṃ   ḍvaṃ

dvaḥ   thvaḥ   tvaḥ   ṇvaḥ   ḍhvaḥ   ḍvaḥ

bhva	bva	phva	pva	nva	dhva
bhvā	bvā	phvā	pvā	nvā	dhvā
bhvi	bvi	phvi	pvi	nvi	dhvi
bhvī	bvī	phvī	pvī	nvī	dhvī
bhvu	bvu	phvu	pvu	nvu	dhvu
bhvū	bvū	phvū	pvū	nvū	dhvū
bhve	bve	phve	pve	nve	dhve
bhvai	bvai	phvai	pvai	nvai	dhvai
bhvo	bvo	phvo	pvo	nvo	dhvo
bhvau	bvau	phvau	pvau	nvau	dhvau
bhvaṃ	bvaṃ	phvaṃ	pvaṃ	nvaṃ	dhvaṃ
bhvaḥ	bvaḥ	phvaḥ	pvaḥ	nvaḥ	dhvaḥ

svа	ṣva	śva	lva	yva	mva
svā	ṣvā	śvā	lvā	yvā	mvā
svi	ṣvi	śvi	lvi	yvi	mvi
svī	ṣvī	śvī	lvī	yvī	mvī
svu	ṣvu	śvu	lvu	yvu	mvu
svū	ṣvū	śvū	lvū	yvū	mvū
sve	ṣve	śve	lve	yve	mve
svai	ṣvai	śvai	lvai	yvai	mvai
svo	ṣvo	śvo	lvo	yvo	mvo
svau	ṣvau	śvau	lvau	yvau	mvau
svaṃ	ṣvaṃ	śvaṃ	lvaṃ	yvaṃ	mvaṃ
svaḥ	ṣvaḥ	śvaḥ	lvaḥ	yvaḥ	mvaḥ

キシャバ / サバ　kṣva	カバ / カバ　hva
サシャバア / サバア　kṣvā	カバア / カバア　hvā
キシビ / シビ　kṣvi	キビ / キビ　hvi
キシビイ / シビイ　kṣvī	キビイ / キビイ　hvī
クスブ / ソボウ　kṣvu	クブ / コボウ　hvu
クスブウ / ソボウ　kṣvū	クブウ / コボウ　hvū
キシベイ / シベイ　kṣve	キベイ / キベイ　hve
キシバイ / シバイ　kṣvai	キバイ / キバイ　hvai
コソボウ / ソボウ　kṣvo	コボウ / コボウ　hvo
コソボウ / ソボウ　kṣvau	コボウ / コバウ　hvau
キシャバン / サバン　kṣvaṃ	カバン / カバン　hvaṃ
キシャバク / サバ　kṣvaḥ	カバ / カバク　hvaḥ

シャマ cma	ギャマ ṅma	ガマ ghma	ギャマ gma	カマ khma	キャマ kma
シャマア cmā	ギャマア ṅmā	ガマア ghmā	ギャマア gmā	カマア khmā	キャマア kmā
シミ cmi	ギミ ṅmi	ギミ ghmi	ギミ gmi	キミ khmi	キミ kmi
シミイ cmī	ギミイ ṅmī	ギミイ ghmī	ギミイ gmī	キミイ khmī	キミイ kmī
スム cmu	ゲム ṅmu	ゴモウ ghmu	ゲム gmu	クム khmu	クム kmu
スムウ cmū	ゲムウ ṅmū	ゴモウ ghmū	ゲムウ gmū	クムウ khmū	クモウ kmū
シメイ cme	ギメイ ṅme	ギメイ ghme	ギメイ gme	キメイ khme	キメイ kme
シマイ cmai	ギマイ ṅmai	ギマイ ghmai	ギマイ gmai	キマイ khmai	キマイ kmai
ソモウ cmo	ゴモウ ṅmo	ゴモウ ghmo	ゴモウ gmo	コモウ khmo	コモウ kmo
ソモウ cmau	ゴモウ ṅmau	ゴモウ ghmau	ゴモウ gmau	コモウ khmau	コモウ／コバウ kmau
シャマン cmaṃ	ギャマン ṅmaṃ	ガマン ghmaṃ	ギャマン gmaṃ	カマン khmaṃ	カマン kmaṃ
シャマク cmaḥ	ギャマク ṅmaḥ	ガマ ghmaḥ	ギャマク gmaḥ	キャマク khmaḥ	カマ kmaḥ

84

ṭhma	ṭma	ñma	jhma	jma	chma
ṭhmā	ṭmā	ñmā	jhmā	jmā	chmā
ṭhmi	ṭmi	ñmi	jhmi	jmi	chmi
ṭhmī	ṭmī	ñmī	jhmī	jmī	chmī
ṭhmu	ṭmu	ñmu	jhmu	jmu	chmu
ṭhmū	ṭmū	ñmū	jhmū	jmū	chmū
ṭhme	ṭme	ñme	jhme	jme	chme
ṭhmai	ṭmai	ñmai	jhmai	jmai	chmai
ṭhmo	ṭmo	ñmo	jhmo	jmo	chmo
ṭhmau	ṭmau	ñmau	jhmau	jmau	chmau
ṭhmaṃ	ṭmaṃ	ñmaṃ	jhmaṃ	jmaṃ	chmaṃ
ṭhmaḥ	ṭmaḥ	ñmaḥ	jhmaḥ	jmaḥ	chmaḥ

dma	thma	tma	ṇma	dhma	ḍma
dmā	thmā	tmā	ṇmā	dhmā	ḍmā
dmi	thmi	tmi	ṇmi	dhmi	ḍmi
dmī	thmī	tmī	ṇmī	dhmī	ḍmī
dmu	thmu	tmu	ṇmu	dhmu	ḍmu
dmū	thmū	tmū	ṇmū	dhmū	ḍmū
dme	thme	tme	ṇme	dhme	ḍme
dmai	thmai	tmai	ṇmai	dhmai	ḍmai
dmo	thmo	tmo	ṇmo	dhmo	ḍmo
dmau	thmau	tmau	ṇmau	dhmau	ḍmau
dmaṃ	thmaṃ	tmaṃ	ṇmaṃ	dhmaṃ	dmaṃ
dmaḥ	thmaḥ	tmaḥ	ṇmaḥ	dhmaḥ	ḍmaḥ

86

bhma	bma	phma	pma	nma	dhma
bhmā	bmā	phmā	pmā	nmā	dhmā
bhmi	bmi	phmi	pmi	nmi	dhmi
bhmī	bmī	phmī	pmī	nmī	dhmī
bhmu	bmu	phmu	pmu	nmu	dhmu
bhmū	bmū	phmū	pmū	nmū	dhmū
bhme	bme	phme	pme	nme	dhme
bhmai	bmai	phmai	pmai	nmai	dhmai
bhmo	bmo	phmo	pmo	nmo	dhmo
bhmau	bmau	phmau	pmau	nmau	dhmau
bhmaṃ	bmaṃ	phmaṃ	pmaṃ	nmaṃ	dhmaṃ
bhmaḥ	bmaḥ	phmaḥ	pmaḥ	nmaḥ	dhmaḥ

シャマ sma	シャマ ṣma	サマ śma	バマ vma	ラマ lma	ヤマ yma
サマア smā	サマア ṣmā	サマア śmā	バマア vmā	ラマア lmā	ヤマア ymā
シミ smi	シミ ṣmi	シミ śmi	ビミ vmi	リミ lmi	イミ ymi
シミイ smī	シミイ ṣmī	シミイ śmī	ビミイ vmī	リミイ lmī	イミイ ymī
スム ソモウ smu	スム ソモウ ṣmu	スム ソモウ śmu	ブム ボモウ vmu	ルム ロモウ lmu	ユム ヨモウ ymu
スムウ ソモウ smū	スムウ ソモウ ṣmū	スムウ ソモウ śmū	ブムウ ボモウ vmū	ルムウ ロモウ lmū	ユムウ ヨモウ ymū
シメイ sme	シメイ ṣme	シメイ śme	ビメイ vme	リメイ lme	イメイ yme
シマイ smai	シマイ ṣmai	シマイ śmai	ビマイ vmai	リマイ lmai	イマイ ymai
ソモウ smo	ソモウ ṣmo	ソモウ śmo	ボモウ vmo	ロモウ lmo	ヨモウ ymo
ソモウ (サマウ) smau	ソモウ (サマウ) ṣmau	ソモウ (サマウ) śmau	ボモウ (バマウ) vmau	ロモウ (ラマウ) lmau	ヨモウ (ヤマウ) ymau
シャマン サマン smaṃ	シャマン サマン ṣmaṃ	シャマン サマン śmaṃ	バマン vmaṃ	ラマン lmaṃ	ヤマン ymaṃ
シャマク サマ smaḥ	シャマク サマ ṣmaḥ	シャマク サマ śmaḥ	バマ vmaḥ	ラマ lmaḥ	ヤマク ymaḥ

88

kṣma	hma
kṣmā	hmā
kṣmi	hmi
kṣmī	hmī
kṣmu	hmu
kṣmū	hmū
kṣme	hme
kṣmai	hmai
kṣmo	hmo
kṣmau	hmau
kṣmam	hmam
kṣmaḥ	hmaḥ

cna	ṅna	ghna	gna	khna	kna
cnā	ṅnā	ghnā	gnā	khnā	knā
cni	ṅni	ghni	gni	khni	kni
cnī	ṅnī	ghnī	gnī	khnī	knī
cnu	ṅnu	ghnu	gnu	khnu	knu
cnū	ṅnū	ghnū	gnū	khnū	knū
cne	ṅne	ghne	gne	khne	kne
cnai	ṅnai	ghnai	gnai	khnai	knai
cno	ṅno	ghno	gno	khno	kno
cnau	ṅnau	ghnau	gnau	khnau	knau
cnaṃ	ṅnaṃ	ghnaṃ	gnaṃ	khnaṃ	knaṃ
cnaḥ	ṅnaḥ	ghnaḥ	gnaḥ	khnaḥ	knaḥ

dna	thna	tna	ṇna	ḍhna	ḍna
dnā	thnā	tnā	ṇnā	ḍhnā	ḍnā
dni	thni	tni	ṇni	ḍhni	ḍni
dnī	thnī	tnī	ṇnī	ḍhnī	ḍnī
dnu	thnu	tnu	ṇnu	ḍhnu	ḍnu
dnū	thnū	tnū	ṇnū	ḍhnū	ḍnū
dne	thne	tne	ṇne	ḍhne	ḍne
dnai	thnai	tnai	ṇnai	ḍhnai	ḍnai
dno	thno	tno	ṇno	ḍhno	ḍno
dnau	thnau	tnau	ṇnau	ḍhnau	ḍnau
dnaṃ	thnaṃ	tnaṃ	ṇnaṃ	ḍhnaṃ	ḍnaṃ
dnaḥ	thnaḥ	tnaḥ	ṇnaḥ	ḍhnaḥ	ḍnaḥ

mna	bhna	bna	phna	pna	dhna
mnā	bhnā	bnā	phnā	pnā	dhnā
mni	bhni	bni	phni	pni	dhni
mnī	bhnī	bnī	phnī	pnī	dhnī
mnu	bhnu	bnu	phnu	pnu	dhnu
mnū	bhnū	bnū	phnū	pnū	dhnū
mne	bhne	bne	phne	pne	dhne
mnai	bhnai	bnai	phnai	pnai	dhnai
mno	bhno	bno	phno	pno	dhno
mnau	bhnau	bnau	phnau	pnau	dhnau
mnaṃ	bhnaṃ	bnaṃ	phnaṃ	pnaṃ	dhnaṃ
mnaḥ	bhnaḥ	bnaḥ	phnaḥ	pnaḥ	dhnaḥ

sna	ṣna	śna	vna	lna	yna
snā	ṣnā	śnā	vnā	lnā	ynā
sni	ṣni	śni	vni	lni	yni
snī	ṣnī	śnī	vnī	lnī	ynī
snu	ṣnu	śnu	vnu	lnu	ynu
snū	ṣnū	śnū	vnū	lnū	ynū
sne	ṣne	śne	vne	lne	yne
snai	ṣnai	śnai	vnai	lnai	ynai
sno	ṣno	śno	vno	lno	yno
snau	ṣnau	śnau	vnau	lnau	ynau
snaṃ	ṣnaṃ	śnaṃ	vnaṃ	lnaṃ	ynaṃ
snaḥ	ṣnaḥ	śnaḥ	vnaḥ	lnaḥ	ynaḥ

アロシャ rca	アロギャウ ṅa	アロガ rgha ①	アロギャ rga	アロガ rkha	アロカ rka
アロシャア rcā	アロガア ṅā	アロギャア rghā	アロギャア rgā	アロキャア rkhā	アロカア rkā
イリシ rci	イリギ ṅi	イリギ rghi	イリギ rgi	イリギ rkhi	イリキ rki
イリシイ rcī	イリギイ ṅī	イリギイ rghī	イリギイ rgī	イリギイ rkhī	イリキイ rkī
ウルス rcu	ラロウ ṅu	ラロゴウ rghu	ラロゴウ rgu	ラロコウ rkhu	ラロコウ rku
ウルスウ rcū	ウルグウ ṅū	ラロゴウ rghū	ラロゴウ rgū	ラロコウ rkhū	ラロコウ rkū
イリセイ rce	イリセイ ṅe	イリゲイ rghe	イリゲイ rge	イリケイ rkhe	イリケイ rke
イリサイ rcai	イリガイ ṅai	イリガイ rghai	イリガイ rgai	イリカイ rkhai	イリカイ rkai
ラロソウ rco	ラロゴウ ṅo	ラロゴウ rgho	ラロゴウ rgo	ラロコウ rkho	ラロコウ rko
ラロソウ rcau	ラロゴウ ṅau	ラロゴウ rghau	ラロゴウ rgau	ラロコウ rkhau	ラロカウ rkau
アロセン rcaṃ	アロサン ṅaṃ	アロゲン rghaṃ	アロガン rgaṃ	アロケン rkhaṃ	アロカン rkaṃ
アロシャク rcaḥ	アロサ ṅaḥ	アロギャク rghaḥ	アロガ rgaḥ	アロギャク rkhaḥ	アロキャク rkaḥ

rda	rtha	rta	ṇa	rḍha	rḍa
rdā	rthā	rtā	ṇā	rḍhā	rḍā
rdi	rthi	rti	ṇi	rḍhi	rḍi
rdī	rthī	rtī	ṇī	rḍhī	rḍī
rdu	rthu	rtu	ṇu	rḍhu	rḍu
rdū	rthū	rtū	ṇū	rḍhū	rḍū
rde	rthe	rte	ṇe	rḍhe	rḍe
rdai	rthai	rtai	ṇai	rḍhai	rḍai
rdo	rtho	rto	ṇo	rḍho	rḍo
rdau	rthau	rtau	ṇau	rḍhau	rḍau
rdaṃ	rthaṃ	rtaṃ	ṇaṃ	rḍhaṃ	rḍaṃ
rdaḥ	rthaḥ	rtaḥ	ṇaḥ	rḍhaḥ	rḍaḥ

rbha	rba	rpha	rpa	rna	rdha
rbhā	rbā	rphā	rpā	rnā	rdhā
rbhi	rbi	rphi	rpi	rni	rdhi
rbhī	rbī	rphī	rpī	rnī	rdhī
rbhu	rbu	rphu	rpu	rnu	rdhu
rbhū	rbū	rphū	rpū	mū	rdhū
rbhe	rbe	rphe	rpe	rne	rdhe
rbhai	rbai	rphai	rpai	rnai	rdhai
rbho	rbo	rpho	rpo	rno	rdho
rbhau	rbau	rphau	rpau	mau	rdhau
rbhaṃ	rbaṃ	rphaṃ	rpaṃ	maṃ	rdhaṃ
rbhaḥ	rbaḥ	rphaḥ	rpaḥ	maḥ	rdhaḥ

rṣa	rśa	rva	rla	rya	rma
rṣā	rśā	rvā	rlā	ryā	rmā
rṣi	rśi	rvi	rli	ryi	rmi
rṣī	rśī	rvī	rlī	ryī	rmī
rṣu	rśu	rvu	rlu	ryu	rmu
rṣū	rśū	rvū	rlū	ryū	rmū
rṣe	rśe	rve	rle	rye	rme
rṣai	rśai	rvai	rlai	ryai	rmai
rṣo	rśo	rvo	rlo	ryo	rmo
rṣau	rśau	rvau	rlau	ryau	rmau
rṣaṃ	rśaṃ	rvaṃ	rlaṃ	ryaṃ	rmaṃ
rṣaḥ	rśaḥ	rvaḥ	rlaḥ	ryaḥ	rmaḥ

④　③　②　①

rsa rha rkṣa
rsā rhā rkṣā
rsi rhi rkṣi
rsī rhī rkṣī
rsu rhu rkṣu
rsū rhū rkṣū
rse rhe rkṣe
rsai rhai rkṣai
rso rho rkṣo
rsau rhau rkṣau
rsaṃ rham rkṣaṃ
rsaḥ rhaḥ rkṣaḥ

rcya	rṅya	rghya	rgya	rkhya	rkya
rcyā	rṅyā	rghyā	rgyā	rkhyā	rkyā
rcyi	rṅyi	rghyi	rgyi	rkhyi	rkyi
rcyī	rṅyī	rghyī	rgyī	rkhyī	rkyī
rcyu	rṅyu	rghyu	rgyu	rkhyu	rkyu
rcyū	rṅyū	rghyū	rgyū	rkhyū	rkyū
rcye	rṅye	rghye	rgye	rkhye	rkye
rcyai	rṅyai	rghyai	rgyai	rkhyai	rkyai
rcyo	rṅyo	rghyo	rgyo	rkhyo	rkyo
rcyau	rṅyau	rghyau	rgyau	rkhyau	rkyau
rcyaṃ	rṅyaṃ	rghyaṃ	rgyaṃ	rkhyaṃ	rkyaṃ
rcyaḥ	rṅyaḥ	rghyaḥ	rgyaḥ	rkhyaḥ	rkyaḥ

rṭhya	rṭya	rñya	rjhya	rjya	rchya
rṭhyā	rṭyā	rñyā	rjhyā	rjyā	rchyā
rṭhyi	rṭyi	rñyi	rjhyi	rjyi	rchyi
rṭhyī	rṭyī	rñyī	rjhyī	rjyī	rchyī
rṭhyu	rṭyu	rñyu	rjhyu	rjyu	rchyu
rṭhyū	rṭyū	rñyū	rjhyū	rjyū	rchyū
rṭhye	rṭye	rñye	rjhye	rjye	rchye
rṭhyai	rṭyai	rñyai	rjhyai	rjyai	rchyai
rṭhyo	rṭyo	rñyo	rjhyo	rjyo	rchyo
rṭhyau	rṭyau	rñyau	rjhyau	rjyau	rchyau
rṭhyaṃ	rṭyaṃ	rñyaṃ	rjhyaṃ	rjyaṃ	rchyaṃ
rṭhyaḥ	rṭyaḥ	rñyaḥ	rjhyaḥ	rjyaḥ	rchyaḥ

rdya	rthya	rtya	ṃya	rḍhya	rdya
rdyā	rthyā	rtyā	ṃyā	rḍhyā	rdyā
rdyi	rthyi	rtyi	ṃyi	rḍhyi	rdyi
rdyī	rthyī	rtyī	ṃyī	rḍhyī	rdyī
rdyu	rthyu	rtyu	ṃyu	rḍhyu	rdyu
rdyū	rthyū	rtyū	ṃyū	rḍhyū	rdyū
rdye	rthye	rtye	ṃye	rḍhye	rdye
rdyai	rthyai	rtyai	ṃyai	rḍhyai	rdyai
rdyo	rthyo	rtyo	ṃyo	rḍhyo	rdyo
rdyau	rthyau	rtyau	ṃyau	rḍhyau	rdyau
rdyaṃ	rthyaṃ	rtyaṃ	ṃyaṃ	rḍhyaṃ	rdyaṃ
rdyaḥ	rthyaḥ	rtyaḥ	ṃyaḥ	rḍhyaḥ	rḍyaḥ

rbhya	rbya	rphya	rpya	rnya	rdhya
rbhyā	rbyā	rphyā	rpyā	rnyā	rdhyā
rbhyi	rbyi	rphyi	rpyi	rnyi	rdhyi
rbhyī	rbyī	rphyī	rpyī	rnyī	rdhyī
rbhyu	rbyu	rphyu	rpyu	rnyu	rdhyu
rbhyū	rbyū	rphyū	rpyū	rnyū	rdhyū
rbhye	rbye	rphye	rpye	rnye	rdhye
rbhyai	rbyai	rphyai	rpyai	rnyai	rdhyai
rbhyo	rbyo	rphyo	rpyo	rnyo	rdhyo
rbhyau	rbyau	rphyau	rpyau	rnyau	rdhyau
rbhyaṃ	rbyaṃ	rphyaṃ	rpyaṃ	rnyaṃ	rdhyaṃ
rbhyaḥ	rbyaḥ	rphyaḥ	rpyaḥ	rnyaḥ	rdhyaḥ

rṣya	rṣya	rśya	rvya	rlya	rmya
rṣyā	rṣyā	rśyā	rvyā	rlyā	rmyā
rṣyi	rṣyi	rśyi	rvyi	rlyi	rmyi
rṣyī	rṣyī	rśyī	rvyī	rlyī	rmyī
rṣyu	rṣyu	rśyu	rvyu	rlyu	rmyu
rṣyū	rṣyū	rśyū	rvyū	rlyū	rmyū
rṣye	rṣye	rśye	rvye	rlye	rmye
rṣyai	rṣyai	rśyai	rvyai	rlyai	rmyai
rṣyo	rṣyo	rśyo	rvyo	rlyo	rmyo
rṣyau	rṣyau	rśyau	rvyau	rlyau	rmyau
rṣyaṃ	rṣyaṃ	rśyaṃ	rvyaṃ	rlyaṃ	rmyaṃ
rṣyaḥ	rṣyaḥ	rśyaḥ	rvyaḥ	rlyaḥ	rmyaḥ

	rkṣ 系			rhy 系	
アロキシャ	rkṣya	アロサヤ	アロキャ	rhya	アロカヤ
アロサシャア	rkṣyā	アロサヤア	アロキヤア	rhyā	アロカヤア
イリキシイ	rkṣyi	イリシイ	イリキイ	rhyi	イリキイ
イリキシイイ	rkṣyī	イリシイイ	イリキイイ	rhyī	イリキイイ
ウルクスユ	rkṣyu	ラロソヨウ	ウルクユ	rhyu	ラロコヨウ
ウルクスユウ	rkṣyū	ラロソヨウ	ウルクユウ	rhyū	ラロコヨウ
イリキシエイ	rkṣye	イリシエイ	イリキエイ	rhye	イリキエイ
イリキシャイ	rkṣyai	イリシャイ	イリキャイ	rhyai	イリキャイ
ラロソヨウ	rkṣyo	ラロソヨウ	ラロコヨウ	rhyo	ラロコヨウ
ラロコソヨウ	rkṣyau	（ラロサヤウ）ラロソヨウ	（ラロカヤウ）ラロコヨウ	rhyau	ラロコヨウ
アロキシャエン	rkṣyaṃ	アロサヤン	アロキエン	rhyaṃ	アロカヤン
アロキシャク	rkṣyaḥ	アロサヤ	アロキャク	rhyaḥ	アロカヤ

rcra	rṅra	rghra	rgra	rkhra	rkra
rcrā	rṅrā	rghrā	rgrā	rkhrā	rkrā
rcri	rṅri	rghri	rgri	rkhri	rkri
rcrī	rṅrī	rghrī	rgrī	rkhrī	rkrī
rcru	rṅru	rghru	rgru	rkhru	rkru
rcrū	rṅrū	rghrū	rgrū	rkhrū	rkrū
rcre	rṅre	rghre	rgre	rkhre	rkre
rcrai	rṅrai	rghrai	rgrai	rkhrai	rkrai
rcro	rṅro	rghro	rgro	rkhro	rkro
rcrau	rṅrau	rghrau	rgrau	rkhrau	rkrau
rcraṃ	rṅraṃ	rghraṃ	rgraṃ	rkhraṃ	rkraṃ
rcraḥ	rṅraḥ	rghraḥ	rgraḥ	rkhraḥ	rkraḥ

rṭhra	rṭra	rñra	rjhra	rjra	rchra
rṭhrā	rṭrā	rñrā	rjhrā	rjrā	rchrā
rṭhri	rṭri	rñri	rjhri	rjri	rchri
rṭhrī	rṭrī	rñrī	rjhrī	rjrī	rchrī
rṭhru	rṭru	rñru	rjhru	rjru	rchru
rṭhrū	rṭrū	rñrū	rjhrū	rjrū	rchrū
rṭhre	rṭre	rñre	rjhre	rjre	rchre
rṭhrai	rṭrai	rñrai	rjhrai	rjrai	rchrai
rṭhro	rṭro	rñro	rjhro	rjro	rchro
rṭhrau	rṭrau	m̐rau	rjhrau	rjrau	rchrau
rṭhraṃ	rṭraṃ	rñraṃ	rjhraṃ	rjraṃ	rchraṃ
rṭhraḥ	rṭraḥ	rñraḥ	rjhraḥ	rjraḥ	rchraḥ

rdra	rthra	rtra	ṃra	rḍhra	rḍra
rdrã	rthrã	rtrã	ṃrã	rḍhrã	rḍrã
rdri	rthri	rtri	ṃri	rḍhri	rḍri
rdrī	rthrī	rtrī	ṃrī	rḍhrī	rḍrī
rdru	rthru	rtru	ṃru	rḍhru	rḍru
rdrũ	rthrũ	rtrũ	ṃrũ	rḍhrũ	rḍrũ
rdre	rthre	rtre	ṃre	rḍhre	rḍre
rdrai	rthrai	rtrai	ṃrai	rḍhrai	rḍrai
rdro	rthro	rtro	ṃro	rḍhro	rḍro
rdrau	rthrau	rtrau	ṃrau	rḍhrau	rḍrau
rdraṃ	rthraṃ	rtraṃ	ṃraṃ	rḍhraṃ	rḍraṃ
rdraḥ	rthraḥ	rtraḥ	ṃraḥ	rḍhraḥ	rḍraḥ

rbhra	rbra	rphra	rpra	rnra	rdhra
rbhrā	rbrā	rphrā	rprā	rnrā	rdhrā
rbhri	rbri	rphri	rpri	rnri	rdhri
rbhrī	rbrī	rphrī	rprī	rnrī	rdhrī
rbhru	rbru	rphru	rpru	rnru	rdhru
rbhrū	rbrū	rphrū	rprū	rnrū	rdhrū
rbhre	rbre	rphre	rpre	rnre	rdhre
rbhrai	rbrai	rphrai	rprai	rnrai	rdhrai
rbhro	rbro	rphro	rpro	rnro	rdhro
rbhrau	rbrau	rphrau	rprau	rnrau	rdhrau
rbhraṃ	rbraṃ	rphraṃ	rpraṃ	rnraṃ	rdhraṃ
rbhraḥ	rbraḥ	rphraḥ	rpraḥ	rnraḥ	rdhraḥ

Siddhaṃ syllable chart (rṣra–rmra series):

rṣra	rśra ③	rvra	rlra	ryra	rmra
rṣrā	rśrā	rvrā	rlrā	ryrā	rmrā
rṣri	rśri	rvri	rlri	ryri	rmri
rṣrī	rśrī	rvrī	rlrī	ryrī	rmrī
rṣru	rśru	rvru	rlru	ryru	rmru
rṣrū	rśrū	rvrū	rlrū	ryrū	rmrū
rṣre	rśre	rvre	rlre	ryre	rmre
rṣrai	rśrai	rvrai	rlrai	ryrai	rmrai
rṣro	rśro	rvro	rlro	ryro	rmro
rṣrau	rśrau	rvrau	rlrau	ryrau	rmrau
rṣraṃ	rśraṃ	rvraṃ	rlraṃ	ryraṃ	rmraṃ
rṣraḥ	rśraḥ	rvraḥ	rlraḥ	ryraḥ	rmraḥ

③ ② ①

rkṣra	rhra	rsra
rkṣrā	rhrā	rsrā
rkṣri	rhri	rsri
rkṣrī	rhrī	rsrī
rkṣru	rhru	rsru
rkṣrū	rhrū	rsrū
rkṣre	rhre	rsre
rkṣrai	rhrai	rsrai
rkṣro	rhro	rsro
rkṣrau	rhrau	rsrau
rkṣraṃ	rhraṃ	rsraṃ
rkṣraḥ	rhraḥ	rsraḥ

rcla	rṅla	rghla	rgla	rkhla	rkla
rclā	rṅlā	rghlā	rglā	rkhlā	rklā
rcli	rṅli	rghli	rgli	rkhli	rkli
rclī	rṅlī	rghlī	rglī	rkhlī	rklī
rclu	rṅlu	rghlu	rglu	rkhlu	rklu
rclū	rṅlū	rghlū	rglū	rkhlū	rklū
rcle	rṅle	rghle	rgle	rkhle	rkle
rclai	rṅlai	rghlai	rglai	rkhlai	rklai
rclo	rṅlo	rghlo	rglo	rkhlo	rklo
rclau	rṅlau	rghlau	rglau	rkhlau	rklau
rclaṃ	rṅlaṃ	rghlaṃ	rglaṃ	rkhlaṃ	rklaṃ
rclaḥ	rṅlaḥ	rghlaḥ	rglaḥ	rkhlaḥ	rklaḥ

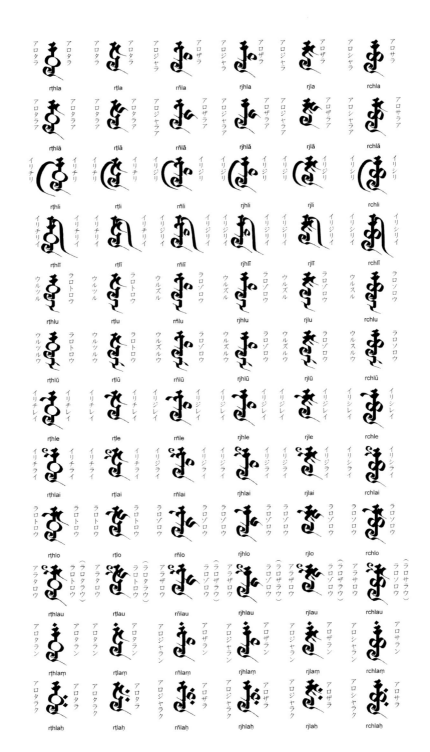

rdla	rthla	rtla	ṃla ②	rdhla	rḍla
rdlā	rthlā	rtlā	ṃlā	rdhlā	rḍlā
rdli	rthli	rtli	ṃli	rdhli	rḍli
rdlī	rthlī	rtlī	ṃlī	rdhlī	rḍlī
rdlu	rthlu	rtlu	ṃlu	rdhlu	rḍlu
rdlū	rthlū	rtlū	ṃlū	rdhlū	rḍlū
rdle	rthle	rtle	ṃle	rdhle	rḍle
rdlai	rthlai	rtlai	ṃlai	rdhlai	rḍlai
rdlo	rthlo	rtlo	ṃlo	rdhlo	rḍlo
rdlau	rthlau	rtlau	ṃlau	rdhlau	rḍlau
rdlaṃ	rthlaṃ	rtlaṃ	ṃlaṃ	rdhlaṃ	rḍlaṃ
rdlaḥ	rthlaḥ	rtlaḥ	ṃlaḥ	rdhlaḥ	rḍlaḥ

rbhla	rbla	rphla	rpla	rnla	rdhla
rbhlā	rblā	rphlā	rplā	rnlā	rdhlā
rbhli	rbli	rphli	rpli	rnli	rdhli
rbhlī	rblī	rphlī	rplī	rnlī	rdhlī
rbhlu	rblu	rphlu	rplu	rnlu	rdhlu
rbhlū	rblū	rphlū	rplū	rnlū	rdhlū
rbhle	rble	rphle	rple	rnle	rdhle
rbhlai	rblai	rphlai	rplai	rnlai	rdhlai
rbhlo	rblo	rphlo	rplo	rnlo	rdhlo
rbhlau	rblau	rphlau	rplau	rnlau	rdhlau
rbhlaṃ	rblaṃ	rphlaṃ	rplaṃ	rnlaṃ	rdhlaṃ
rbhlaḥ	rblaḥ	rphlaḥ	rplaḥ	rnlaḥ	rdhlaḥ

rsla	rṣla	rśla	rvla	ryla	rmla
rslā	rṣlā	rślā	rvlā	rylā	rmlā
rsli	rṣli	rśli	rvli	ryli	rmli
rslī	rṣlī	rślī	rvlī	rylī	rmlī
rslu	rṣlu	rślu	rvlu	rylu	rmlu
rslū	rṣlū	rślū	rvlū	rylū	rmlū
rsle	rṣle	rśle	rvle	ryle	rmle
rslai	rṣlai	rślai	rvlai	rylai	rmlai
rslo	rṣlo	rślo	rvlo	rylo	rmlo
rslau	rṣlau	rślau	rvlau	rylau	rmlau
rslaṃ	rṣlaṃ	rślaṃ	rvlaṃ	rylaṃ	rmlaṃ
rslaḥ	rṣlaḥ	rślaḥ	rvlaḥ	rylaḥ	rmlaḥ

④ ③ ② ①

rkṣla
rhla

rkṣlā
rhlā

rkṣli
rhli

rkṣlī
rhlī

rkṣlu
rhlu

rkṣlū
rhlū

rkṣle
rhle

rkṣlai
rhlai

rkṣlo
rhlo

rkṣlau
rhlau

rkṣlaṃ
rhlaṃ

rkṣlaḥ
rhlaḥ

rcva	rṅva	rghva	rgva	rkhva	rkva
アロシャバ	アロギヤバ	アロガバ ①	アロギヤバ	アロキヤバ	アロカバ
rcvā	rṅvā	rghvā	rgvā	rkhvā	rkvā
アロシャバア	アロギヤバア	アロガバア	アロギヤバア	アロキヤバア	アロカバア
rcvi	rṅvi	rghvi	rgvi	rkhvi	rkvi
イリシビ	イリギビ	イリギビ	イリギビ	イリキビ	イリキビ
rcvī	rṅvī	rghvī	rgvī	rkhvī	rkvī
イリシビイ	イリギビイ	イリギビイ	イリギビイ	イリキビイ	イリキビイ
rcvu	rṅvu	rghvu	rgvu	rkhvu	rkvu
ウルスブ	ラロゴブウ	ウルグブ	ラロゴボウ	ウルクブ	ラロコボウ
rcvū	rṅvū	rghvū	rgvū	rkhvū	rkvū
ウルスブウ	ラロゴボウ	ウルグブウ	ラロゴボウ	ウルクブウ	ラロコボウ
rcve	rṅve	rghve	rgve	rkhve	rkve
イリシベイ	イリギベイ	イリギベイ	イリギベイ	イリキベイ	イリキベイ
rcvai	rṅvai	rghvai	rgvai	rkhvai	rkvai
イリシバイ	イリギバイ	イリギバイ	イリギバイ	イリキバイ	イリキバイ
rcvo	rṅvo	rghvo	rgvo	rkhvo	rkvo
ラロソボウ	ラロゴボウ	ラロゴボウ	ラロゴボウ	ラロゴボウ	ラロコボウ
rcvau	rṅvau	rghvau	rgvau	rkhvau	rkvau
ラロソボウ（ラロサバウ）	ラロソボウ（ラロソバウ）	ラロゴボウ（ラロガバウ）	ラロゴボウ（ラロゴボウ）	ラロコボウ（ラロガバウ）	ラロコボウ（ラロカバウ）
rcvaṃ	rṅvaṃ	rghvaṃ	rgvaṃ	rkhvaṃ	rkvaṃ
アロシャバン	アロサバン	アロギヤバン	アロガバン	アロキヤバン	アロカバン
rcvaḥ	rṅvaḥ	rghvaḥ	rgvaḥ	rkhvaḥ	rkvaḥ
アロシャバク	アロサバク	アロギヤバク	アロガバク	アロキヤバク	アロカバク

rṭhva rṭva rñva rjhva rjva rchva

rṭhvā rṭvā rñvā rjhvā rjvā rchvā

rṭhvi rṭvi rñvi rjhvi rjvi rchvi

rṭhvī rṭvī rñvī rjhvī rjvī rchvī

rṭhvu rṭvu rñvu rjhvu rjvu rchvu

rṭhvū rṭvū rñvū rjhvū rjvū rchvū

rṭhve rṭve rñve rjhve rjve rchve

rṭhvai rṭvai rñvai rjhvai rjvai rchvai

rṭhvo rṭvo rñvo rjhvo rjvo rchvo

rṭhvau rṭvau rñvau rjhvau rjvau rchvau

rṭhvaṃ rṭvaṃ rñvaṃ rjhvaṃ rjvaṃ rchvaṃ

rṭhvaḥ rṭvaḥ rñvaḥ rjhvaḥ rjvaḥ rchvaḥ

rdva　　rthva　　rtva　　ṃva②　　rḍhva　　rḍva

rdvā　　rthvā　　rtvā　　ṃvā　　rḍhvā　　rḍvā

rdvi　　rthvi　　rtvi　　ṃvi　　rḍhvi　　rḍvi

rdvī　　rthvī　　rtvī　　ṃvī　　rḍhvī　　rḍvī

rdvu　　rthvu　　rtvu　　ṃvu　　rḍhvu　　rḍvu

rdvū　　rthvū　　rtvū　　ṃvū　　rḍhvū　　rḍvū

rdve　　rthve　　rtve　　ṃve　　rḍhve　　rḍve

rdvai　　rthvai　　rtvai　　ṃvai　　rḍhvai　　rḍvai

rdvo　　rthvo　　rtvo　　ṃvo　　rḍhvo　　rḍvo

rdvau　　rthvau　　rtvau　　ṃvau　　rḍhvau　　rḍvau

rdvaṃ　　rthvaṃ　　rtvaṃ　　ṃvaṃ　　rḍhvaṃ　　rḍvaṃ

rdvaḥ　　rthvaḥ　　rtvaḥ　　ṃvaḥ　　rḍhvaḥ　　rḍvaḥ

122

rbhva	rbva	rphva	rpva	rnva	rdhva
rbhvā	rbvā	rphvā	rpvā	rnvā	rdhvā
rbhvi	rbvi	rphvi	rpvi	rnvi	rdhvi
rbhvī	rbvī	rphvī	rpvī	rnvī	rdhvī
rbhvu	rbvu	rphvu	rpvu	rnvu	rdhvu
rbhvū	rbvū	rphvū	rpvū	rnvū	rdhvū
rbhve	rbve	rphve	rpve	rnve	rdhve
rbhvai	rbvai	rphvai	rpvai	rnvai	rdhvai
rbhvo	rbvo	rphvo	rpvo	rnvo	rdhvo
rbhvau	rbvau	rphvau	rpvau	rnvau	rdhvau
rbhvaṃ	rbvaṃ	rphvaṃ	rpvaṃ	rnvaṃ	rdhvaṃ
rbhvaḥ	rbvaḥ	rphvaḥ	rpvaḥ	rnvaḥ	rdhvaḥ

rsva	rṣva	rśva ③	rlva	ryva	rmva
rsvā	rṣvā	rśvā	rlvā	ryvā	rmvā
rsvi	rṣvi	rśvi	rlvi	ryvi	rmvi
rsvī	rṣvī	rśvī	rlvī	ryvī	rmvī
rsvu	rṣvu	rśvu	rlvu	ryvu	rmvu
rsvū	rṣvū	rśvū	rlvū	ryvū	rmvū
rsve	rṣve	rśve	rlve	ryve	rmve
rsvai	rṣvai	rśvai	rlvai	ryvai	rmvai
rsvo	rṣvo	rśvo	rlvo	ryvo	rmvo
rsvau	rṣvau	rśvau	rlvau	ryvau	rmvau
rsvaṃ	rṣvaṃ	rśvaṃ	rlvaṃ	ryvaṃ	rmvaṃ
rsvaḥ	rṣvaḥ	rśvaḥ	rlvaḥ	ryvaḥ	rmvaḥ

③　　②　　①

アロカバ
rhva

アロサバ
アロキシャバ
rkṣva

アロカバア
rhvā

アロサバア
アロサシャバア
rkṣvā

イリキビ
rhvi

イリシビ
イリキシャビ
rkṣvi

イリキビイ
rhvī

イリシビイ
イリキシャビイ
rkṣvī

ウルクブ
ラロコボウ
rhvu

ラロソボウ
ウルクスブ
rkṣvu

ウルクブウ
ラロコボウ
rhvū

ラロソボウ
ウルクスブウ
rkṣvū

イリキベイ
イリキベイ
rhve

イリシベイ
イリキシベイ
rkṣve

イリキバイ
イリキバイ
rhvai

イリシバイ
イリキシバイ
rkṣvai

ラロコボウ
ラロコボウ
rhvo

ラロソボウ
ラロコソボウ
rkṣvo

（ラロカバウ）
ラロコボウ
rhvau

（ラロサバウ）
ラロソボウ
ラロソボウ
rkṣvau

アロカバン
アロサバン
rhvaṃ

アロサバン
アロキシャバン
rkṣvaṃ

アロカバ
アロカバク
rhvaḥ

アロサバ
アロキシャバク
rkṣvaḥ

第十三章

rcma	ṅma	rghma ①	rgma	rkhma	rkma
rcmā	ṅmā	rghmā	rgmā	rkhmā	rkmā
rcmi	ṅmi	rghmi	rgmi	rkhmi	rkmi
rcmī	ṅmī	rghmī	rgmī	rkhmī	rkmī
rcmu	ṅmu	rghmu	rgmu	rkhmu	rkmu
rcmū	ṅmū	rghmū	rgmū	rkhmū	rkmū
rcme	ṅme	rghme	rgme	rkhme	rkme
rcmai	ṅmai	rghmai	rgmai	rkhmai	rkmai
rcmo	ṅmo	rghmo	rgmo	rkhmo	rkmo
rcmau	ṅmau	rghmau	rgmau	rkhmau	rkmau
rcmaṃ	ṅmaṃ	rghmaṃ	rgmaṃ	rkhmaṃ	rkmaṃ
rcmaḥ	ṅmaḥ	rghmaḥ	rgmaḥ	rkhmaḥ	rkmaḥ

rṭhma　rṭma　rñma　rjhma　rjma　rchma

rṭhmā　rṭmā　rñmā　rjhmā　rjmā　rchmā

rṭhmi　rṭmi　rñmi　rjhmi　rjmi　rchmi

rṭhmī　rṭmī　rñmī　rjhmī　rjmī　rchmī

rṭhmu　rṭmu　rñmu　rjhmu　rjmu　rchmu

rṭhmū　rṭmū　rñmū　rjhmū　rjmū　rchmū

rṭhme　rṭme　rñme　rjhme　rjme　rchme

rṭhmai　rṭmai　rñmai　rjhmai　rjmai　rchmai

rṭhmo　rṭmo　rñmo　rjhmo　rjmo　rchmo

rṭhmau　rṭmau　rñmau　rjhmau　rjmau　rchmau

rṭhmaṃ　rṭmaṃ　rñmaṃ　rjhmaṃ　rjmaṃ　rchmaṃ

rṭhmaḥ　rṭmaḥ　rñmaḥ　rjhmaḥ　rjmaḥ　rchmaḥ

rdma	rthma	rtma	ṃma ②	rḍhma	rḍma
rdmā	rthmā	rtmā	ṃmā	rḍhmā	rḍmā
rdmi	rthmi	rtmi	ṃmi	rḍhmi	rḍmi
rdmī	rthmī	rtmī	ṃmī	rḍhmī	rḍmī
rdmu	rthmu	rtmu	ṃmu	rḍhmu	rḍmu
rdmū	rthmū	rtmū	ṃmū	rḍhmū	rḍmū
rdme	rthme	rtme	ṃme	rḍhme	rḍme
rdmai	rthmai	rtmai	ṃmai	rḍhmai	rḍmai
rdmo	rthmo	rtmo	ṃmo	rḍhmo	rḍmo
rdmau	rthmau	rtmau	ṃmau	rḍhmau	rḍmau
rdmaṃ	rthmaṃ	rtmaṃ	ṃmaṃ	rḍhmaṃ	rḍmaṃ
rdmaḥ	rthmaḥ	rtmaḥ	ṃmaḥ	rḍhmaḥ	rḍmaḥ

rbhma	rbma	rphma	rpma	rnma	rdhma
rbhmā	rbmā	rphmā	rpmā	rnmā	rdhmā
rbhmi	rbmi	rphmi	rpmi	rnmi	rdhmi
rbhmī	rbmī	rphmī	rpmī	rnmī	rdhmī
rbhmu	rbmu	rphmu	rpmu	rnmu	rdhmu
rbhmū	rbmū	rphmū	rpmū	rnmū	rdhmū
rbhme	rbme	rphme	rpme	rnme	rdhme
rbhmai	rbmai	rphmai	rpmai	rnmai	rdhmai
rbhmo	rbmo	rphmo	rpmo	rnmo	rdhmo
rbhmau	rbmau	rphmau	rpmau	rnmau	rdhmau
rbhmaṃ	rbmaṃ	rphmaṃ	rpmaṃ	rnmaṃ	rdhmaṃ
rbhmaḥ	rbmaḥ	rphmaḥ	rpmaḥ	rnmaḥ	rdhmaḥ

rsma	rṣma	rśma ③	rvma	rlma	ryma
rsmā	rṣmā	rśmā	rvmā	rlmā	rymā
rsmi	rṣmi	rśmi	rvmi	rlmi	rymi
rsmī	rṣmī	rśmī	rvmī	rlmī	rymī
rsmu	rṣmu	rśmu	rvmu	rlmu	rymu
rsmū	rṣmū	rśmū	rvmū	rlmū	rymū
rsme	rṣme	rśme	rvme	rlme	ryme
rsmai	rṣmai	rśmai	rvmai	rlmai	rymai
rsmo	rṣmo	rśmo	rvmo	rlmo	rymo
rsmau	rṣmau	rśmau	rvmau	rlmau	rymau
rsmaṃ	rṣmaṃ	rśmaṃ	rvmaṃ	rlmaṃ	rymaṃ
rsmaḥ	rṣmaḥ	rśmaḥ	rvmaḥ	rlmaḥ	rymaḥ

④ ③ ② ①

rkṣma — rhma
rkṣmā — rhmā
rkṣmi — rhmi
rkṣmī — rhmī
rkṣmu — rhmu
rkṣmū — rhmū
rkṣme — rhme
rkṣmai — rhmai
rkṣmo — rhmo
rkṣmau — rhmau
rkṣmaṃ — rhmaṃ
rkṣmaḥ — rhmaḥ

rcna	rṅna	rghna ①	rgna	rkhna	rkna
rcnā	rṅnā	rghnā	rgnā	rkhnā	rknā
rcni	rṅni	rghni	rgni	rkhni	rkni
rcnī	rṅnī	rghnī	rgnī	rkhnī	rknī
rcnu	rṅnu	rghnu	rgnu	rkhnu	rknu
rcnū	rṅnū	rghnū	rgnū	rkhnū	rknū
rcne	rṅne	rghne	rgne	rkhne	rkne
rcnai	rṅnai	rghnai	rgnai	rkhnai	rknai
rcno	rṅno	rghno	rgno	rkhno	rkno
rcnau	rṅnau	rghnau	rgnau	rkhnau	rknau
rcnaṃ	rṅnaṃ	rghnaṃ	rgnaṃ	rkhnaṃ	rknaṃ
rcnaḥ	rṅnaḥ	rghnaḥ	rgnaḥ	rkhnaḥ	rknaḥ

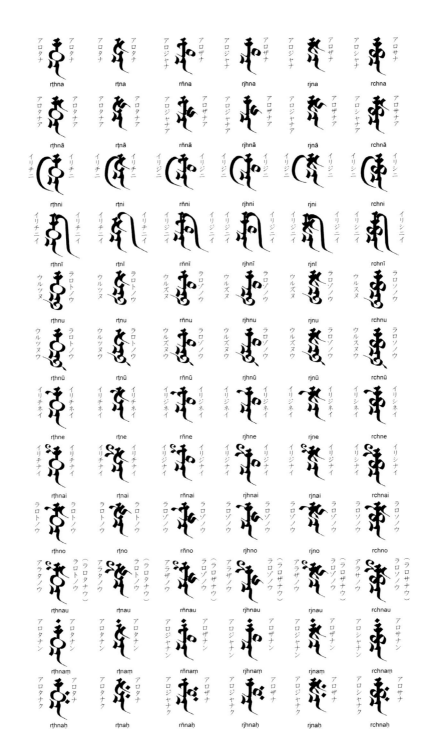

rṭhna rṭna rṁna rjhna rjna rchna

rṭhnā rṭnā rṁnā rjhnā rjnā rchnā

rṭhni rṭni rṁni rjhni rjni rchni

rṭhnī rṭnī rṁnī rjhnī rjnī rchnī

rṭhnu rṭnu rṁnu rjhnu rjnu rchnu

rṭhnū rṭnū rṁnū rjhnū rjnū rchnū

rṭhne rṭne rṁne rjhne rjne rchne

rṭhnai rṭnai rṁnai rjhnai rjnai rchnai

rṭhno rṭno rṁno rjhno rjno rchno

rṭhnau rṭnau rṁnau rjhnau rjnau rchnau

rṭhnaṃ rṭnaṃ rṁnaṃ rjhnaṃ rjnaṃ rchnaṃ

rṭhnaḥ rṭnaḥ rṁnaḥ rjhnaḥ rjnaḥ rchnaḥ

rdna · rthna · rtna · rṃna ② · rḍhna · rḍna

rdnā · rthnā · rtnā · rṃnā · rḍhnā · rḍnā

rdni · rthni · rtni · rṃni · rḍhni · rḍni

rdnī · rthnī · rtnī · rṃnī · rḍhnī · rḍnī

rdnu · rthnu · rtnu · rṃnu · rḍhnu · rḍnu

rdnū · rthnū · rtnū · rṃnū · rḍhnū · rḍnū

rdne · rthne · rtne · rṃne · rḍhne · rḍne

rdnai · rthnai · rtnai · rṃnai · rḍhnai · rḍnai

rdno · rthno · rtno · rṃno · rḍhno · rḍno

rdnau · rthnau · rtnau · rṃnau · rḍhnau · rḍnau

rdnaṃ · rthnaṃ · rtnaṃ · rṃnaṃ · rḍhnaṃ · rḍnaṃ

rdnaḥ · rthnaḥ · rtnaḥ · rṃnaḥ · rḍhnaḥ · rḍnaḥ

rmna	rbhna	rbna	rphna	rpna	rdhna
rmnā	rbhnā	rbnā	rphnā	rpnā	rdhnā
rmni	rbhni	rbni	rphni	rpni	rdhni
rmnī	rbhnī	rbnī	rphnī	rpnī	rdhnī
rmnu	rbhnu	rbnu	rphnu	rpnu	rdhnu
rmnū	rbhnū	rbnū	rphnū	rpnū	rdhnū
rmne	rbhne	rbne	rphne	rpne	rdhne
rmnai	rbhnai	rbnai	rphnai	rpnai	rdhnai
rmno	rbhno	rbno	rphno	rpno	rdhno
rmnau	rbhnau	rbnau	rphnau	rpnau	rdhnau
rmnaṃ	rbhnaṃ	rbnaṃ	rphnaṃ	rpnaṃ	rdhnaṃ
rmnaḥ	rbhnaḥ	rbnaḥ	rphnaḥ	rpnaḥ	rdhnah

③　②　①

アロカナ	rhna	アロカナ rkṣna（アロキシャナ）
アロサナ		
アロカナア	rhnā	アロカナア rkṣnā（アロキシャナア）
アロサナア		
イリキニ	rhni	イリキニ rkṣni（イリキシニ）
イリシニ		
イリキニイ	rhnī	イリキニイ rkṣnī（イリシニイ）
イリシニイ		
ウルクヌ	rhnu	ウルクヌ rkṣnu（ラソノウ）
ラソノウ		
ウルクヌウ	rhnū	ウルクヌウ rkṣnū（ラソノウ）
ラソノウ		
イリキネイ	rhne	イリキネイ rkṣne（イリシネイ）
イリシネイ		
イリキナイ	rhnai	イリキナイ rkṣnai（イリシナイ）
イリシナイ		
ラロコノウ	rhno	ラロコノウ rkṣno（ラソノウ）
ラソノウ		
（ラロコノウ）	rhnau	（ラロコノウ） rkṣnau（アラキシャノウ／ラロサナウ／ラソノウ）
アラカノウ		
アロカナン	rhnam	アロカナン rkṣnam（アロキシャナン／アロサナン）
アロサナン		
アロカナ	rhnah	アロカナ rkṣnah（アロキシャナク／アロサナ）
アロサナ		

ñcha	ñca	ṅgha	ṅga	ṅkha	ṅka
ñchā	ñcā	ṅghā	ṅgā	ṅkhā	ṅkā
ñchi	ñci	ṅghi	ṅgi	ṅkhi	ṅki
ñchī	ñcī	ṅghī	ṅgī	ṅkhī	ṅkī
ñchu	ñcu	ṅghu	ṅgu	ṅkhu	ṅku
ñchū	ñcū	ṅghū	ṅgū	ṅkhū	ṅkū
ñche	ñce	ṅghe	ṅge	ṅkhe	ṅke
ñchai	ñcai	ṅghai	ṅgai	ṅkhai	ṅkai
ñcho	ñco	ṅgho	ṅgo	ṅkho	ṅko
ñchau	ñcau	ṅghau	ṅgau	ṅkhau	ṅkau
ñchaṃ	ñcaṃ	ṅghaṃ	ṅgaṃ	ṅkhaṃ	ṅkaṃ
ñchaḥ	ñcaḥ	ṅghaḥ	ṅgaḥ	ṅkhaḥ	ṅkaḥ

ṇḍha	ṇḍa	ṇtha	ṇta	ñjha	ñja
ṇḍhā	ṇḍā	ṇthā	ṇtā	ñjhā	ñjā
ṇḍhi	ṇḍi	ṇthi	ṇti	ñjhi	ñji
ṇḍhī	ṇḍī	ṇthī	ṇtī	ñjhī	ñjī
ṇḍhu	ṇḍu	ṇthu	ṇtu	ñjhu	ñju
ṇḍhū	ṇḍū	ṇthū	ṇtū	ñjhū	ñjū
ṇḍhe	ṇḍe	ṇthe	ṇte	ñjhe	ñje
ṇḍhai	ṇḍai	ṇthai	ṇtai	ñjhai	ñjai
ṇḍho	ṇḍo	ṇtho	ṇto	ñjho	ñjo
ṇḍhau	ṇḍau	ṇthau	ṇtau	ñjhau	ñjau
ṇḍham	ṇḍam	ṇtham	ṇtam	ñjham	ñjam
ṇḍhaḥ	ṇḍaḥ	ṇthaḥ	ṇtaḥ	ñjhaḥ	ñjaḥ

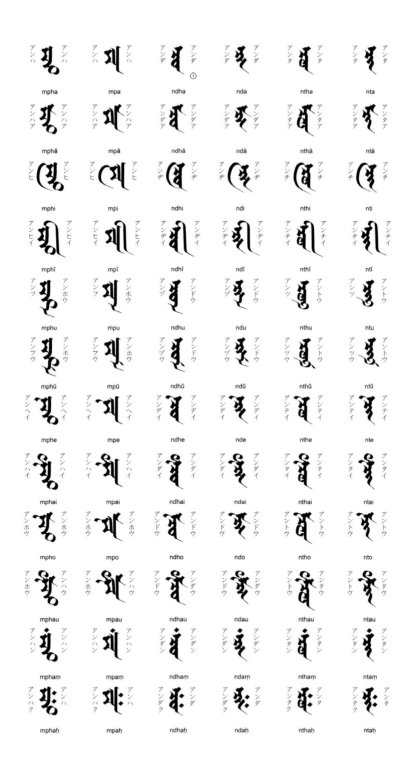

mpha	mpa	ndha	nda	ntha	nta
mphā	mpā	ndhā	ndā	nthā	ntā
mphi	mpi	ndhi	ndi	nthi	nti
mphī	mpī	ndhī	ndī	nthī	ntī
mphu	mpu	ndhu	ndu	nthu	ntu
mphū	mpū	ndhū	ndū	nthū	ntū
mphe	mpe	ndhe	nde	nthe	nte
mphai	mpai	ndhai	ndai	nthai	ntai
mpho	mpo	ndho	ndo	ntho	nto
mphau	mpau	ndhau	ndau	nthau	ntau
mphaṃ	mpaṃ	ndhaṃ	ndaṃ	nthaṃ	ntaṃ
mphaḥ	mpaḥ	ndhaḥ	ndaḥ	nthaḥ	ntaḥ

140

ṅva	ṅla	ṅra	ṅya	mbha	mba
ṅvā	ṅlā	ṅrā	ṅyā	mbhā	mbā
ṅvi	ṅli	ṅri	ṅyi	mbhi	mbi
ṅvī	ṅlī	ṅrī	ṅyī	mbhī	mbī
ṅvu	ṅlu	ṅru	ṅyu	mbhu	mbu
ṅvū	ṅlū	ṅrū	ṅyū	mbhū	mbū
ṅve	ṅle	ṅre	ṅye	mbhe	mbe
ṅvai	ṅlai	ṅrai	ṅyai	mbhai	mbai
ṅvo	ṅlo	ṅro	ṅyo	mbho	mbo
ṅvau	ṅlau	ṅrau	ṅyau	mbhau	mbau
ṅvaṃ	ṅlaṃ	ṅraṃ	ṅyaṃ	mbhaṃ	mbaṃ
ṅvaḥ	ṅlaḥ	ṅraḥ	ṅyaḥ	mbhaḥ	mbaḥ

ṅkṣa	ṅha	ṅsa	ṅṣa	ṅśa
ṅkṣā	ṅhā	ṅsā	ṅṣā	ṅśā
ṅkṣi	ṅhi	ṅsi	ṅṣi	ṅśi
ṅkṣī	ṅhī	ṅsī	ṅṣī	ṅśī
ṅkṣu	ṅhu	ṅsu	ṅṣu	ṅśu
ṅkṣū	ṅhū	ṅsū	ṅṣū	ṅśū
ṅkṣe	ṅhe	ṅse	ṅṣe	ṅśe
ṅkṣai	ṅhai	ṅsai	ṅṣai	ṅśai
ṅkṣo	ṅho	ṅso	ṅṣo	ṅśo
ṅkṣau	ṅhau	ṅsau	ṅṣau	ṅśau
ṅkṣaṃ	ṅhaṃ	ṅsaṃ	ṅṣaṃ	ṅśaṃ
ṅkṣaḥ	ṅhaḥ	ṅsaḥ	ṅṣaḥ	ṅśaḥ

チリ	チリ	ヂリ	ヂリ	ヂリ	（ニリ）	ジリ	ジリ	シリ	シリ	ギャリ	ギリ	キリ	キリ
tr		dr		ñr		chṛ		ghṛ				kṛ	
チリイ	チリイ	ヂリイ	ヂリイ	ヂリイ	ジリイ	ジリイ	シリイ	シリイ	ギャリイ	ギリイ	キリイ	キリイ
tṝ		dṝ		ñṝ		chṝ		ghṝ			kr̄	
チリン	チリン	ヂリン	ヂリン	ヂリン	ジリン	ジリン	シリン	シリン	ギャリン	ギリン	キリン	キリン
trṃ		drṃ		ñrṃ		chrṃ		ghrṃ			krṃ	
チリク	チリ	ヂリク	ヂリ	ヂリク	ジリ	シリク	シリ	シリ	ギャリク	ギリ	キリク	キリ
trḥ		drḥ		ñrḥ		chrḥ		ghrḥ			krḥ	
チリ	チリ	ヂリ	ヂリ	チリ	チリ	ジリ	ジリ	ギリ	ギリ	キャリ	（キリ）
thṛ		dhṛ		tr		jr		ñr		khṛ	
チリイ	チリイ	ヂリイ	ヂリイ	チリイ	チリイ	ジリイ	ジリイ	ギリイ	ギリ	キャリイ	キリイ
thṝ		dhṝ		tṝ		jṝ		ñṝ		khṝ	
チリン	チリン	ヂリン	ヂリン	チリン	チリン	ジリン	ジリン	ギリン	ギリ	キャリン	（キリン）
thrṃ		dhrṃ		trṃ		jrṃ		ñrṃ		khrṃ	
チリク	チリ	ヂリク	ヂリ	チリク	チリ	ジリク	ジリ	ギリク	ギリ	キャリク	（キリ）
thrḥ		dhrḥ		trḥ		jrḥ		ñrḥ		khrḥ	
ヂリ	ヂリ	ヂリ	ヂリ	チリ	チリ	ジリ	ジリ	シリ	シリ	ギャリ	ギリ
dr		nr		thr		jhr		cr		gr	
ヂリイ	ヂリイ	ヂリイ	ヂリイ	チリイ	チリイ	ジリイ	ジリイ	シリイ	シリイ	ギャリイ	ギリイ
dṝ		nṝ ①		thṝ		jhṝ		cṝ		gṝ	
ヂリン	ヂリン	ヂリン	ヂリン	チリン	チリン	ジリン	ジリン	シリン	シリン	ギャリン	ギリン
drṃ		nrṃ		thrṃ		jhrṃ		crṃ		grṃ	
ヂリク	ヂリ	ヂリク	ヂリ	チリク	チリ	ジリク	ジリ	シリク	シリ	ギャリク	ギリ
drḥ		nrḥ		thrḥ		jhrḥ		crḥ		grḥ	

① 〜

キシリ／シリ **kṣṛ**	シリ／シリ **ṣṛ**	ラリ／リリ **lṛ**	ミリ／ミリ **mṛ**	ヒリ／ヒリ **phṛ**	ヂリ／ヂリ **dhṛ**
キシリイ／シリイ **kṣṝ**	シリイ／シリイ **ṣṝ**	ラリイ／リリイ **lṝ**	ミリイ／ミリイ **mṝ**	ヒリイ／ヒリイ **phṝ**	ヂリイ／ヂリイ **dhṝ**
キシャリン／シャリン **kṣṛṃ**	シリン／シリン **ṣṛṃ**	ラリン／ラリン **lṛṃ**	ミリン／ミリン **mṛṃ**	ヒリン／ヒリン **phṛṃ**	ヂリン／ヂリン **dhṛṃ**
キシャリク／シャリ **kṣṛḥ**	シリク／シリ **ṣṛḥ**	ラリク／ラリ **lṛḥ**	ミリク／ミリ **mṛḥ**	ヒリク／ヒリ **phṛḥ**	ヂリク／ヂリ **dhṛḥ**

シリ／シリ **sṛ**	ビリ／ビリ **vṛ**	イリ／イリ **yṛ**	ビリ／ビリ **bṛ**	ニリ／ニリ **nṛ**
シリイ／シリイ **sṝ**	ビリイ／ビリイ **vṝ**	イリイ／イリイ **yṝ**	ビリイ／ビリイ **bṝ**	ニリイ／ニリイ **nṝ**
シリン／シリン **sṛṃ**	ビリン／ビリン **vṛṃ**	イリン／イリン **yṛṃ**	ビリン／ビリン **bṛṃ**	ニリン／ニリン **nṛṃ**
シリク／シリ **sṛḥ**	ビリク／ビリ **vṛḥ**	イリク／イリ **yṛḥ**	ビリク／ビリ **bṛḥ**	ニリク／ニリ **nṛḥ**

キリ／キリ **hṛ**	シリ／シリ **śṛ**	アラリ／リリ **rṛ**	ビリ／ビリ **bhṛ**	ヒリ／ヒリ **pṛ**
キリイ／キリイ **hṝ**	シリイ／シリイ **śṝ**	アラライ／リリイ **rṝ**	ビリイ／ビリイ **bhṝ**	ヒリイ／ヒリイ **pṝ**
キリン／キリン **hṛṃ**	シリン／シリン **śṛṃ**	アラリン／アラリン **rṛṃ**	ビリン／ビリン **bhṛṃ**	ヒリン／ヒリン **pṛṃ**
キリク／キリ **hṛḥ**	シリク／シリ **śṛḥ**	アラリク／アラリ **rṛḥ**	ビリク／ビリ **bhṛḥ**	ヒリク／ヒリ **pṛḥ**

144

アバサ／アバシャ **vca**	アウキャタラ **ńktra**	アウカタラ **dgha**	アダギャ **dgha**	アダガ **dga**	（アサカ）アソカ **skha**	（アサカ）アソカ **ska**
アバサ／アバシャア **vcā**	アウキャタラア **ńktrā**	アウカタラア **dghā**	アダギャア **dghā**	アダガア **dgā**	アソキャア **skhā**	アソキャア **skā**
イビシ／イビシ **vci**	アウキチリ **ńktri**	イイキチリ **dghi**	イヂギ **dghi**	イヂギ **dgi**	イシキ **skhi**	イシキ **ski**
イビシイ／イビシイ **vcī**	アウキチリイ **ńktrī**	イイキチリイ **dghī**	イヂギイ **dghī**	イヂギイ **dgī**	イシキイ **skhī**	イシキイ **skī**
ウブス／ウブス **vcu**	アウクツル **ńktru**	ララコトロウ **dghu**	ウツグ **dghu**	ラドゴウ **dgu**	ウスク **skhu**	（アスク）ランコウ ウスク **sku**
ウブスウ／ウブスウ **vcū**	アウクツルウ **ńktrū**	ララコトロウ **dghū**	ウツグウ **dghū**	ラドゴウ **dgū**	ウスクウ **skhū**	（アスクウ）ランコウ ウスクウ **skū**
イビセイ／イビセイ **vce**	アウキチレイ **ńktre**	イイキチレイ **dghe**	イヂゲイ **dghe**	イヂゲイ **dge**	イシケイ **skhe**	（アサケイ）イシケイ **ske**
イビサイ／イビサイ **vcai**	アウキチライ **ńktrai**	イイキチライ **dghai**	イヂガイ **dghai**	イヂガイ **dgai**	イシカイ **skhai**	（アサカイ）イシカイ **skai**
ラボソウ／ラボソウ **vco**	アウコトラウ **ńktro**	ララコトロウ **dgho**	ラドゴウ **dgho**	ラドゴウ **dgo**	ラソコウ **skho**	（アサコウ）ランコウ **sko**
ラボソウ／ラボソウ **vcau**	アウコトラウ **ńktrau**	ララコトロウ **dghau**	ラドゴウ **dghau**	ラドゴウ **dgau**	ラソコウ **skhau**	（アサカウ）ランコウ **skau**
アバセン／アバサン **vcaṃ**	アウキャタラン **ńktraṃ**	アウカタラン **dghaṃ**	アダゲン **dghaṃ**	アダガン **dgaṃ**	アソケン **skhaṃ**	（アサカン）アソケン **skaṃ**
アバシャク／アバサ **vcaḥ**	アウキャタラク **ńktraḥ**	アウカタラ **dghaḥ**	アダギャク **dghaḥ**	アダガ **dgaḥ**	アソキャク **skhaḥ**	アソキャク **skaḥ**

ṣṭh	ṣṭ	jñ	vjh	vj	vch
ṣṭha	ṣṭa	jña ①	vjha	vja	vcha
ṣṭhā	ṣṭā	jñā	vjhā	vjā	vchā
ṣṭhi	ṣṭi	jñi	vjhi	vji	vchi
ṣṭhī	ṣṭī	jñī	vjhī	vjī	vchī
ṣṭhu	ṣṭu	jñu	vjhu	vju	vchu
ṣṭhū	ṣṭū	jñū	vjhū	vjū	vchū
ṣṭhe	ṣṭe	jñe	vjhe	vje	vche
ṣṭhai	ṣṭai	jñai	vjhai	vjai	vchai
ṣṭho	ṣṭo	jño	vjho	vjo	vcho
ṣṭhau	ṣṭau	jñau	vjhau	vjau	vchau
ṣṭhaṃ	ṣṭaṃ	jñaṃ	vjhaṃ	vjaṃ	vchaṃ
ṣṭhaḥ	ṣṭaḥ	jñaḥ	vjhaḥ	vjaḥ	vchaḥ

vda	stha	sta	ṣṇa	ḍḍha	ḍḍa
vdā	sthā	stā	ṣṇā	ḍḍhā	ḍḍā
vdi	sthi	sti	ṣṇi	ḍḍhi	ḍḍi
vdī	sthī	stī	ṣṇī	ḍḍhī	ḍḍī
vdu	sthu	stu	ṣṇu	ḍḍhu	ḍḍu
vdū	sthū	stū	ṣṇū	ḍḍhū	ḍḍū
vde	sthe	ste	ṣṇe	ḍḍhe	ḍḍe
vdai	sthai	stai	ṣṇai	ḍḍhai	ḍḍai
vdo	stho	sto	ṣṇo	ḍḍho	ḍḍo
vdau	sthau	stau	ṣṇau	ḍḍhau	ḍḍau
vdaṃ	sthaṃ	staṃ	ṣṇaṃ	ḍḍhaṃ	ḍḍaṃ
vdaḥ	sthaḥ	staḥ	ṣṇaḥ	ḍḍhaḥ	ḍḍaḥ

dbha	dba	spha	spa	rtsna	vdha
dbhā	dbā	sphā	spā	rtsnā	vdhā
dbhi	dbi	sphi	spi	rtsni	vdhi
dbhī	dbī	sphī	spī	rtsnī	vdhī
dbhu	dbu	sphu	spu	rtsnu	vdhu
dbhū	dbū	sphū	spū	rtsnū	vdhū
dbhe	dbe	sphe	spe	rtsne	vdhe
dbhai	dbai	sphai	spai	rtsnai	vdhai
dbho	dbo	spho	spo	rtsno	vdho
dbhau	dbau	sphau	spau	rtsnau	vdhau
dbhaṃ	dbaṃ	sphaṃ	spaṃ	rtsnaṃ	vdhaṃ
dbhaḥ	dbaḥ	sphaḥ	spaḥ	rtsnaḥ	vdhaḥ

148

アバサ / アバキシャ vkṣa	アソカ / アソカ sha	アタサ / アタシャ tṣa
アバサア / アバキシャア vkṣā	アソカ / アサカア shā	アタサア / アタシャア tṣā
イビシ / イビキシ vkṣi	イシキ / イシキ shi	イチシ / イチシ tṣi
イビシイ / イビキシイ vkṣī	イシキイ / イシキイ shī	イチシイ / イチシイ tṣī
ウブクス / ラボソウ vkṣu	ウスク / ラソコウ shu	ウツ / ラトソウ tṣu
ウブクスウ / ラボソウ vkṣū	ウスクウ / ラソコウ shū	ウッツウ / ラトソウ tṣū
イビセイ / イビキセイ vkṣe	イシケイ / イシケイ she	イチセイ / イチセイ tṣe
イビサイ / イビキサイ vkṣai	イシカイ / イシカイ shai	イチサイ / イチサイ tṣai
ラボソウ / ラボコソウ vkṣo	ラソコウ / ラソコウ sho	ラトソウ / ラトソウ tṣo
ラボソウ / ラボコソウ vkṣau	ラソコウ / ラソコウ shau	ラトソウ / ラトソウ tṣau
アバサン / アバキセン vkṣaṃ	アサケン / アサカン shaṃ	アタサン / アタセン tṣaṃ
アバサ / アバキシャク vkṣaḥ	アサカ / アサカク shaḥ	アタサ / アタシャク tṣaḥ

jhjha	tta	tṣchra	dsva	ṭka	pta
jhjhā	ttā	tṣchrā	dsvā	ṭkā	ptâ
jhjhi	tti	tṣchri	dsvi	ṭki	pti
jhjhī	ttī	tṣchrī	dsvī	ṭkī	ptī
jhjhu	ttu	tṣchru	dsvu	ṭku	ptu
jhjhū	ttū	tṣchrū	dsvū	ṭkū	ptū
jhjhe	tte	tṣchre	dsve	ṭke	pte
jhjhai	ttai	tṣchrai	dsvai	ṭkai	ptai
jhjho	tto	tṣchro	dsvo	ṭko	pto
jhjhau	ttau	tṣchrau	dsvau	ṭkau	ptau
jhjhaṃ	ttaṃ	tṣchraṃ	dsvaṃ	ṭkam	ptam
jhjhaḥ	ttaḥ	tṣchraḥ	dsvaḥ	ṭkaḥ	ptaḥ

註：為推廣學習樸筆字體，本書內容是引用《梵字大鑑》內記載的丸筆字體版本為底稿。再用樸筆字體重新寫成，方便大家練習時用作參考。

梵語千字文

第一章

梵語千字文概説

《梵語千字文》全一卷。原名《唐字千鬘聖語》。唐三藏法師義淨撰。收入於《大正新脩大藏經》第５４冊。此為一部用梵漢兩種文字對照形式所編成的梵漢讀本，也可作為一本梵漢小辭典。《梵語千字文》中有以下說明：「為欲向西國人作學語樣仍各註中梵音下題漢字其無字者以音正之並是當途要字但學得此則餘語皆通不同者舊千字文若兼悉曇章讀梵本一兩年間即堪翻譯矣」。

此文的編排是以漢字來組合成有實際意義和音韻節律，方便大家記誦。

四字為一句，每二十句（八十字）為一段，後換韻。每段結尾五言四句詩一首。這樣便構成一節（共一百字）。然後接下一節。全書共分成十節，共一千字。

第一至第八節，是最常用的漢字及與之對應的梵文。以安永二年沙彌敬光刊本，除了有與梵語對應的意譯漢字外，還有音譯漢字。卷末更附有《識語》和《梵唐消息》之對譯。

為推廣學習樸筆字體，本書容是引用《大正新脩大藏經》第５４冊Ｎｏ．２１３３《梵語千字文（并序附刻）》內記載的丸筆字體版本為底稿。再用樸筆字體重新寫成，方便大家練習時用作參考。

158

第二章

梵語千字文譯注

天地日月。陰陽圓矩。晝夜明暗。雷電風雨。星流雲散。來往去取。東西南北。上下相輔。皇臣僕吏。貴賤童豎。刊定品物。策立州主。辨教禮書。置設衛府。父母兄弟孝義弘撫甥舅異隣。伯叔同聚。奉事友明。矜愛貧窶。山庭蔽軒蓋。淨野標。華柱。美素竟千秋嘉聲傳萬古（已上虁姥）。

何得苦朝飢（已上支脂）。

男女迎嫁。喚命招追。賣買出入。俗務交馳。市店商貨。妍醜強羸。先蒙少贈。今酬重遺。一聞砥礪。再想箴規。謹身節儉。離此而誰。終希惡滅。恒敦福綏。禍如響應。善若影隨。圖名璀璨。積行葳蕤。汝欽叡哲。咸京遵碩德。龜洛啟神師。既能歡夕殯。

講道論妙。激揚理致。文參疊席。聰過閱肆。玉砌推賢。石渠讓次。撿驗是非。提撕愚智。紙落浮花。詩成含翠。筆不停毫。句寧易字。意存忠直。弗尚邪媚。獨暢幽情。偏抽雅思。片淑求仁。君子匪器。才伎勿嫌。固難周備。七步沈辭遠。三略玄英祕。銓衡信立人。

誠哉未淪墜（已上真至）。

兵戎偃戟。武帝騰輝。通衢走驛。結陌縈旗。九江躍羽。四海呈威。銅梁截險。劍閣要機。好謀宣敗。臨敵慮微。勝懷大懼雖劣莫欺。魚麗隻進。鶴翼雙飛。赤心罔詐。黃泉指期。

元首欣効。賞職靡疑。股肱竭操。佐弼乾基。送使祇連伏。旋旌宿慎歸。息靜肩胸裏戰遂肥（已上微）。

飲食飯菜。鹽酢羹臛。餅菓喜團。糖蔗噉嚼。薑椒（胡椒）芥（白芥）芋。煮熟斟酌。恭敬持與。盤盂屏却。踞坐小床。返繫衣角。凔罷遷位。齒木梳濯。牛糞塗拭。洗滌匙杓。倉庫廚廳。儲安釜鑊。刀鎌坂瓮。斧箕繩索。違拒勑條。官司執縛。養身知患本。遂靜棲林薄。專崇社多志。急遣斯封著（已上藥鐸）。

春耕種植。畎畝營農。決池降澤。犁耨施功。嬾夫晨寐。勤士宵興。鞭杖車輿。驢馱馬乘。排槊弓箭。逆順分崩。稻麻豆麥。課役年徵。籌量斛數。計算斗升。絹布肘度。雇價依憑。絲縷箱筐。針綖裁縫。街吟巷吼。瞋笑吉凶。絕嶺新芝碧。危巒舊藥紅。解帶宜攀折。共鄙田家翁（已上東）。

給園仙樹。鹿苑王城。薛舍梨國。劫比羅營。迴顧戀別。報望恩生。鷄峯隱骨。龍穴潛形。禪河水濬。戒爐巖清。俯悲塵界。猶式遮聽。慈幡永振。慧炬長熒。扶關六趣。開圍十冥。祛除虐毒。軫忍黔靈。嚴儀像殿。寫勘尊經。佛法處。僧念罪輕。位幸當修軌轍。畢至涅槃城（已上康耕）。

袈裟衣瓶鉢臥具衣裳。厚被盛櫃。單裙帒藏。蟲鼠恐齧。浣曬舒張。氍毹綾錦。繡褥芳簷宇蕭灑緩掉鏗鏘。有恥艾臭。無嫌麝香。讚詠歌管。博奕酒醫。梵音彈舌。悉曇莫忘。願茲利潤。總洽無疆。且題八百。餘皆審詳。早須習奇説。始可向他鄉。聊申學語樣。豈欲耽文章（已上陽唐）。

初因業報。託形母胎。無明種子。造作根栽。識聚因起。名色相依。六處既剖。觸支復推。受愛貪境。取有斯開。見生雖喜。老死還哀。憂悲始去。苦惱終來。如輪環之轉。若箭之催。善居天苑。惡處煻煨。明可信。浩寧猜。四生頻落泊。六趣幾徘徊。眷言明智者。事可傷哉（已上灰胎）。

頭目耳鼻。脣口牙咽。額項毛髮。舌卷胸懸喉缺肩甲。臂腕相連。筋脈瘡疥。指節纖駢。腰背乳肋。腎勾牽。臍面脇。腸肚一邊。屎尿充塞。臕胯敧偏。皮肉骨髓。膿血周緣。髀腿蹲膝。脛踝胸胼。手足頑痺。恒流唾涎。嗚呼臭穢體。奇哉人並憐。請知生有過莫向死王前（已上先仙）。

第三章

梵語千字文

梵語千字文及識語

梵語（漢字音写・カタカナ）	字義
娑嚩二合 羅誐二合（ソバ ラギヤ）	天
跛哩二合 體他以反 尾（ハリチ ビ）	地
素哩也二合（ソリヤ）	日
戰達羅二合（センダラ）	月
縒引也引（シヤヤ）	陰
阿多上博（アタ ハク）	陽
波哩波吒（ハリ ハンタ）	圓
阿奈舍（アデイシヤ）	矩
儞哩二合 嚩索（チバ サク）	晝
囉底哩二合（アラ チリ）	夜
阿路脚（アロ カク）	明
阿怛迦洛（アンダ キヤラ）	暗
禰嚩蘖惹底丁以反（ディバ ギヤラ ジヤチ）	雷
尾儞庾二合（ビ ヂユ）	電
嚩庾（バユ）	風
縛囉沙二合（バラシヤ）	雨
哆引囉迦（タラキヤ）	星
素路二合多（ソロタ）	流
謎伽（メイギヤ）	雲
尾娜儞跢（ビダニタ）	散
野底丁以反（ヤチ）	往
阿伊舍（アイシヤ）	來
誐哆（ギヤタ）	去
攞伊上誐里二合訶娜二合（ライ ギリ カンダ）	取

梵字	音	漢字	訓
	ホ ラバ	布羅嚩 二合	東
	ハ シセイマ	波室制 二合摩	西
	ダ キシヤ ダ	諾乞叉 二合挐	南
	ウ タ ラ	烏多 重囉	北
	ケイ シユツタ	係瑟姹 重	上
	ハラ サンマラ	跛羅娑摩 二合羅	下
	ディバ ホ トラ	禰嚩補怛羅 二合	相
	ハラチ バンダ	鉢羅 二合底嚩馱	輔
	マ チリ	摩底哩 二合	皇
	ダ サ	娜 引娑	臣
	チ ビ ラ	儞 寧以反尾囉	僕
	マ カ ラギヤ	摩曷伽	吏

梵字	音	漢字	訓
	マ カ ラギヤ	摩曷伽	貴
	サン マ ラギヤ	娑末羅伽	賤
	ク マ ラ	俱摩囉	童
	バ ラ タバ	嚩攞多嚩	竪
	ニヤ タ	儞野多	刊
	セン タ	扇 引多	定
	ハ リ バ ラタ	跛哩嚩羅跢	品
	ア ビ セイ キヤ	捺羅 二合尾也 二合	物
	シッチ タ	阿毘世迦	策
	マ カ ナウ ギヤ ラ	悉體 二合多	立
	ソバ ミ	摩訶曩誐羅	州
		娑嚩 二合弭	主

カナ	漢字音写	義
ソラ ソバチ	娑羅娑縛底[二合引][丁以反]	辨
シキシヤサ	式乞叉左[上]	教
ニチ	儞[引]底[丁以反]	禮
シイ キヤク	隷伕[入]	書
ニギヤ マク	娑嚩[二合引]比多[入]	置
サハン	烏嚕	設
ウロ	娑洴[引]	衙
ニギヤ マク	儞誐莫	府
ヒタ	比哆[引]	父
マタ	摩哆[引]	母
ゼイシユツタ ボラタ	蘙瑟姹[二合]勃羅[二合]多	兄
カニヤ サボラタ	迦儞也[二合]娑[引]勃羅[二合引]多	弟

カナ	漢字音写	義
シユ キヤ	戌迦	孝
アラタ	遏他	義
ポリ カタ	物哩[二合]訶多[半音]	弘
ハラサダ	鉢羅[二合]娑娜	撫
バギニヤ	婆[引]儗寗也	甥
サラ	娑攞	舅
ハリ ディシ	跛哩弟史	異
ハリタ キヤ	跛哩[二合]詫迦[半音]	隣
ゼイシユツタタリ ヒ	蘙瑟姹[二合]怛羅比	伯
ヒタリ ヤ	比怛哩[二合]也	叔
エイキヤサタ	暳[準上]迦娑佗[上引]	同
メイラ	謎攞	聚

166

ハラダマ　鉢羅(上二合)拏摩　奉

キャラ　迦(引)囉　事

ミンタラ　弭怛羅(音展)　友

ハキシャ　博乞灑(合人)　朋

キャロダ　迦嚕拏　矜

ヒリヤ　必哩(合也)　愛

ダリダラ　娜哩捼羅(二合引)　貧

アダラビヤ　阿捼羅(二合)弭也(二合)　竇

ハラバタ　鉢縛多　山

アウギヤダ　盎誐娜　庭

マンダラ　曼拏囉(引)　蔽

ウシャラヒタ　烏縒囉(合引)比多　軒

サイタラ　璨怛囉(二合)　蓋

シュシ　輸(上)止　淨

アタビ　阿吒(上)味　野

シカナウ　止即以反賀曩(二合引)　標

ホシュハ　補澁波(二合)　華

サタンバ　娑擔(二合)婆(人重呼)　柱

マリシユツタ　摩哩(二合)瑟咤(二合)　美

シベイタ　濕吠(合)多　素

サンマハタ　娑摩(引)波多　竟

サカサラ　娑訶(上)娑羅(合)　千

シャラト　捨囉妬鄔　秋

クシャラ　俱舍羅　嘉

読み	音写	義
セラダ	攝婆娜(二合)	聲
サンサラ	散左(引)囉	傳
ハラベイダ	鉢羅陛娜	萬
ホラダ	補囉(引)拏	古
ホロシャ	補嚕灑	男
シツタリ	悉怛哩(三合引)	女
ハラチヤ ギヤ マ ナウ	鉢羅(二合)底也(二合) 誐摩曩	迎
ビバカ	尾縛賀(上)	嫁
カツキヤラ	郝迦(引)囉	喚
ジビタン	爾引尾擔	命
ニビタ	儞引弭多(重)	招
アキヤ ラシヤ	阿(引)羯羅灑	追
ビキリダ	尾訖利(二合)拏	賣
キリダ	訖哩(二合)拏	買
ニキヤラ	儞迦(重)攞	出
ハラビシャ	鉢羅(二合)尾捨	入
ギリキ	疙哩(二合)呬	俗
カラリヤ	迦囉理(引)也	務
サンミヤラカラ	三弭也(二合)羅賀(上)囉	交
ジヤバ	惹(自囉反)嚩(重)	馳
カタ	賀吒(上)	市
ハラサラ	鉢羅(二合)娑(引)羅	店
バニジヤ	縛抳惹(澤上)	商
ビキリラ	尾訖哩(二合)攞(引)	貨

音	梵字音写	義
ハラサニキヤ	鉢羅(二合)娑儞(寧以反)迦(引)	妍
ドツバダ	訥嚩(無撥反)拏(重)	醜
バラバユ	摩攞嚩虎(重)	強
ドツバラ	訥摩攞	羸
ホラバ	布(引)羅嚩(二合)	先
ハラサダ	鉢羅(二合)娑(引)娜	蒙
ソトキヤ	窣妬(二合)迦	少
ホバニ	普嚩儞	贈
アチヤ	阿儞也(三合)	今
ドツバラ	鉢囉(二合)底布(引)惹	酬
グロ	虞嚕	重
コバニ	護嚩抳	遺
エイキヤ	曀迦(上)	一
シユロク	戍嚕(二合)多(上)	聞
シラ	始攞(引)	砥
セイラ	勢攞(引)	礪
ホナウ	補曩(上)	再
ソウジヤダ	僧惹拏(二合引)	想
ギヤラカダ	蘖賀(上)拏	篋
ニチ	儞(上)底	規
グバラ	虞(魚嬌反)嚕嚕	謹
シヤリラ	設利(引)囉	身
ハラバ	鉢嚩(二合重)	節
トツビキシヤ	訥避乞灑(二合引)	儉

上段（右から左へ）

読み	音写	意味
ビギャタ	尾詵多	離
イカ	伊賀（上）	此
アタ	阿多	而
ク	句	誰
ニシュッタ	儞瑟妮（二合）	終
バラ	嚩囉	希
ピロハ	尾嚕（引）跢	惡
ニッバタダ	儞（引逸反）嚩吒（二合）拏	滅
サラバキャラ	薩嚩迦（引）攞	恒
グロシラグ	虞嚕室囉馱（引）	敦
ホンニヤ	本寧也	福
ソシッチタ	蘇悉體（二合）多	綏

下段（右から左へ）

読み	音写	意味
ヒダ	庇拏（引）	禍
ヤタ	也佗（引）	如
ハラチセフダ	鉢囉（二合）底庚（他以反）攝娜	響
ハラヂュタラ	鉢囉（二合）底庚（二合）多羅	應
クシャラ	俱捨攞	善
ヤニ	也儞（寧以反）	若
シャヤ	捨（引）也（引）	影
アドハシッシャト	阿耨鉢室者（二合）都	隨
シッタラキャラマ	質怛羅（二合）羯磨	圖
ナウマ	曩（引）摩	名
ポクタラシラ	穆怛羅（二合）勢羅	璀
シシイシュッタモウサラ		璨

クタ　俱姹（引）（上）　積
ソウサキヤラ　僧娑迦（二合引）羅　行
グダジヤ　虞拏惹　葳
セツグラ　設馱羅　菳
タバヤ　怛縛（二合引）夜（引）　汝
グロ　虞嚕　欽
ビダク　尾諾（重）　叡
ハラジヤダ　鉢羅（二合）惹拏（二合引）　哲
ヤダ　也佗（引）　猶
グジヤ　虞惹（引）　囊
ディニタ　弟膩多　裏
アラ　阿（引）囉　錐

ヤシュシ　也竪止　咸
マカ　摩訶　京
グウラバ　虞（魚矯反）羅嚩　遵
シラ　始攞　碩
グダ　虞拏　德
キヤサハ　迦縒跛　龜
サラギヤ　娑囉誐　洛
ウグギヤタ　烏娜伽（二合）吒　啟
ディバタ　禰嚩多　神
シヤサタ　舍娑多（二合）　師
ヤニ　也儞（寧以反）（二合）　既
シヤキヤ　舍枳也（二合）　能

都瑟吒（二合） トシユツタ　歡

羅怛哩（二合）怛囉（二合） アラタリ　タラ　夕

摩囉（二合）多 マラタ　殞

迦多摩 キヤタ　マ　何

跛羅（二合）跛多（二合） ハラハタ　得

耨佉（上） ドク　キヤ　苦

鉢羅（二合）底庾（二合）灑 ハラチユシヤ　朝

僕乞灑（二合引） ボ　キツシヤ　飢

弭也（二合）企也（二合）南 ビヤギヤ　ナン　講

跛多（上） ハタ　道

設娑怛羅（三合） シヤ　サタラ　論

曼儒（左鄒反） マン　ジュ　妙

歡

夕

殞

何

得

苦

朝

飢

講

道

論

妙

阿（引）娑怖（二合）吒 アサフ　タ　激

儞喻（二合引）多 ジユ　タ　揚

弭也（二合）縛賀（引）囉 ビヤバカラ　理

惡乞灑（二合）囉 アキシヤ　ラ　致

阿娑頗（二合引）以 アサハイ　文

烏補羅（引）跛羅 ウ　ホラハラ　疊

多攞絲（早以反） タラシ　席

鉢羅（二合）惹孥（三合） ハラ　ジヤダ　聰

阿底乞蘭（二合引）怛羅（二合引） アチ　キランタラ　過

涅哩（二合）瑟置（二合） チリ　シユチ　閲

左怛縛（二合）曷吒 サトバ　アラタ　肆

激

揚

理

致

文

疊

席

聰

過

閲

肆

音	梵語	義
ボサラ	母娑引囉	玉
アラサナウ	囉左上曩	砌
ヒレイラ	比隸囉	推
バツダラ	跋捺羅二合	賢
ダキツシグ	娜乞史二合拏	石
バカ	嚩引賀上	渠
バギヤ ナウ キシヤ リヤ	播誐那乞使二合里也	讓
アナウチ キラ マ	阿曩底絞羅二合摩	次
ビシヤラ	尾左引囉	撿
ハラチヤ キシヤ	鉢羅二合底也二合乞灑	驗
コチ	護引底丁以反	是
アジヤタ	阿儞也二合鼻引佗引	非
ハラビシヤ	鉢羅二合尾左也	提
サマ	娑摩	撕
ボラキヤ	母引囉伬二合	愚
ジヤダナウ	惹拏二合引曩	智
キヤキヤリ	迦引迦哩	紙
ハチタ	跋底多	落
ハラバ	跛羅二合嚩	浮
ホシユハ	補澁跛二合	花
シユロキヤ キヤ ビヤ	戍路二合迦上迦尾也二合	詩
ニシユハン ナウ	儞澁半二合引曩	成
マリヤダ	摩哩也二合引娜引	含
ソラギヤ	素上囉引誐	翠

迦攞引摩（キヤラマ）　筆
阿曩（アナウ）　不
阿縒上（アシヤ）　停
路摩曩二合嗢囉拏二合（ロマナウウラダ）　毫
跛娜（ハダ）　句
儞嚕鉢捺羅二合縛（ニロハタラバ）　寧
跛哩轕多重（ハリバツタ）　易
惡乞灑二合羅（アキツシヤラ）　字
阿鼻鉢羅二合引也（アビハラヤ）　意
僧上計多（ソウケイタ）　存
哩儒而祖反（リジュ）　忠
娑頗羅二合瑟吒二合（ソハラシユツタ）　直

摩鉢羅二合底灑上駄（マハラチシヤダ）　弗
阿比（アヒ）　尚
弭體也二合引（ビチヤ）　邪
布路二合引娑儞寧以反迦（ホロシヤニキヤ）　媚
鉢羅二合尾吠迦（ハラビベイキヤ）　獨
儼毘羅（ゲンビラ）　暢
薩怛嚩二合（サトバ）　情
阿縛曩多（アバナウタ）　偏
阿引羯羅灑（アキヤナウシヤ）　抽
鉢羅二合始儞二合迦（ハラシニキヤ）　雅
振多（シンタ）　思

漢字	読み	梵語音写
片	ケンウ	釖塢
淑	シャラタナウ	沙囉他曩
求	ハラヤキナウ	鉢羅也曩引
仁	ジャナウ	惹曩
君	ソバミ	娑嚩二合引弭
子	ホタラ	補怛羅
匪	マ	摩
器	バジャナウ	婆惹曩引
才	バギャ	婆惹議
伎	ビジヤダナウ	尾惹拏二合曩
勿	マキャラ	麼迦羅引
嫌	ジュグハシャ	儒虞波娑二合引
固	キャツギャ	掲佉吒上
難	ドッシャキャラ	訥娑迦二合囉
周	サンマンタ	娑曼多
備	サンハンナウ	三半曩
七	サッタ	颯多
步	キャラマ	訖羅二合摩
沈	ジマギャナウ	儞摩誐曩二合
辭	バキャ	嚩迦半音
遠	ドラ	怒引囉
三	タリニ	怛哩二合抳
略	ソウキサイハ	僧乞差二合跛
玄	ドラバボウダ	努羅嚩冒馱

悉曇	読み	漢字音写	義
	メイダビ	迷駄引尾	英
	グキヤ	虞呬也二合	祕
	ウシタ	烏止多	銓
	トリヤ	覩理也二合	衡
	シラダ	室羅二合駄引	信
	シッチタ	悉體二合多	立
	ジヤナウマドシヤ	惹曩摩努灑也二合	人
	アビハラサンナウ	阿毘鉢羅二合散曩	誠
	キヤシユツタ	迦瑟吒合	哉
	ナウタバト	曩多引縛覩	未
	シヤラバチ	娑羅二合縛底	淪
	ハチタ	跛底多	墜
	キヤダバハラ	迦駄嚩二合縛引囉	兵
	アユタシヤサタラ	阿庾駄設娑多羅三合	戎
	サイト	細覩	偃
	シユラ	戍引攞	戟
	ユダ	喻駄	武
	キシヤタリヤ	乞刹二合怛哩二合也	帝
	アボダギヤタ	阿部娜誐二合多	騰
	ヂユチ	儞喻二合底	輝
	リヂ	哩地	通
	アラタヤ	囉他也二合	衢
	ダバ	駄引縛	走
	サタナウシヤラ	娑佗二合引曩舍攞引	驛

上段（右より左へ）

- 仡羅二合蹉（ギラシャ）― 結
- 乞芻二合儞嚕無撥反摩（キシュデイバツマ）― 陌
- 跛哩弟瑟吒二合（ハリデイシュツタ）― 縈
- 馱嚕二合惹（ダバジヤ）― 旗
- 曩縛（ナウバ）― 九
- 摩訶曩儞也二合（マカナウギヤ）― 江
- 郝乞灑二合（カツキシャ）― 躍
- 博乞叉（ハキシャ）― 羽
- 左怛嚕二合引羅（シャタバラ）― 四
- 三母捺羅二合（サンホダラ）― 海
- 捺羅捨二合也（グラシャヤ）― 呈
- 帝惹南引（テイジヤナン）― 威

下段（右より左へ）

- 擔引摩囉二合（タンマラ）― 銅
- 仡哩二合賀納誐（ギリカダウギャ）― 梁
- 質怛哩二合（シツタリ）― 截
- 鉢羅二合播多（キャツギヤ）― 險
- 揭伽（ハラハタ）― 劍
- 馱縛攞伽上囉（ダバラギャラ）― 閣
- 鉢羅二合喻惹曩（ハラユギャナウ）― 要
- 縛引仰弭二合引（バギヤウビ）― 機
- 婆上攞重（バラ）― 好
- 阿嚕娑建二合娜（アバソケンダ）― 謀
- 尾馱味（ビダビ）― 宣
- 尾曩捨（ビナウシャ）― 敗

読み	音写	意
アタ	阿哆 重	臨
ダタ ダバ	駄怛娜嚩	敵
キヤ ダ シ ト	迦娜引止觀	慮
ハラマ	跛囉摩	微
ジヤ	惹也	勝
マカ	摩訶	懷
ケンジャ	建惹	大
バヤ	婆上也	懼
ダダビ	娜娜引弭	雖
ソバラハ	娑嚩二合攞跛	劣
マ	摩	莫
ハリババ	跛里婆上縛	欺

読み	音写	意
マッシャ	末寫 重	魚
ビタキヤ	尾怛迦	麗
ケイバ	計縛攞	隻
キラマ	訖羅二合摩	進
クロゼイ	句路二合惹洩二合	鶴
ハツグナウハキシャ	發虞曩博乞叉二合	翼
ユギヤラ	庚誐攞	雙
ウダヤチ	烏拏也底	飛
ロキタ	路枳多	赤
シツタ	質多	心
ジヤラ	惹引攞	岡
キヤバタ	迦縛吒	詐

庇多覽〈ヒタラン〉 黃 縛引虎〈バコ〉 股

嗢陛娜〈ウベイダ〉 泉 污嚕引〈ウロ〉 肱

盎上虞澁〈アウグシ〉 指 也怛曩〈ヤタンナウ〉 竭

鉢羅二合底曳二合迦〈ハラチユイキヤ〉 期 涅哩二合茶重〈ヂリダ〉 操

阿引爾偁以反〈アヂ〉 元 娑佉引也〈シヤキヤ〉 佐

鉢羅二合佗摩〈ハラタマ〉 首 跛哩左引羅迦〈ハリシヤラキヤ〉 弼

覩瑟吒二合〈トシユツタ〉 欣 禰嚩〈ディバ〉 乾

嗢縒引賀上〈ウシヤカ〉 効 素播難〈ソハナン〉 基

娜也〈ダヤ〉 賞 必隸二合灑也〈ヒツレイシヤ〉 送

娑佗二合引難〈サタナン〉 職 必隸二合灑迦〈ヒツレイシヤキヤ〉 使

頞耨怛曩二合多〈アノクタンナウタ〉 靡 部摩禰縛多〈ボマディバタ〉 祇

尾止枳縒〈ビシキシヤ〉 疑 僧室隸二合灑〈ソウシツレイシヤ〉 連

読み	悉曇（音写）	義
ニカタ	爾賀多	伏
ボラミヤチ	垾囉弭野（二合）底	旋
シカナウ	止賀曩（二合）	旌
ダキツシヤタラ	諾乞叉（二合）怛羅（二合）	宿
ビロバラ	毘嚕縛（引）囉	慎
シヤラダ	捨囉拏	歸
センダ	扇多	息
ソケンダ	娑建駄	靜
ボジヤ	步惹	肩
バツキツシヤ	嚩（無撥反）乞灑	胸
アベンタラ	阿便（上）多羅	裏
ユダク	庚駄（入）	戰
アドラ	阿弩（引）攞	遂
ポタ	暮吒（重）	肥
ハナウキヤヒバ	播曩迦比縛	飲
アカラ	阿（引）賀囉	食
バタダ	薄（入）多	飯
シヤキヤ	舍（引）迦	菜
ラバダ	攞博拏	鹽
シユキタ	束多	酢
ビバダ	毘（引）嚩拏	羹
ダラバ	捺羅（二合）嚩	雕
マンダ	曼拏	餅
ハラ	頗攞	菓

梵語千字文（表・上段）

読み（カタカナ）	漢字音写	意味
ボダキヤ	慕娜迦	喜
ラントキヤ	嬾覩迦	團
グダ	虞拏	糖
イキシュ	伊乞蒭(二合)	蔗
アサバダ	阿娑嚩(二合引)娜	嗽
セッバ	折嚩	嚼
アダラキヤ	阿(引)捺羅(二合)迦	薑
トンボロハラ	覩唵(二合)母嚕頗攞	椒
マリシヤ	摩利遮	胡椒
ライ	囉(引)移	芥
サリサツハ	薩利殺(二合)跛	白芥
ヒンダロ	賓拏拏嚕	芋

梵語千字文（表・下段）

読み（カタカナ）	漢字音写	意味
バサ	跛左(上)	煮
ハキヤ	博迦(重)	熟
アドマナウラ	阿拏摩(引)曩	斟
グラビウトラ	捺喇尾鄔妬攞	酌
ギヤウラバ	虞(魚嬌反)囉縛	恭
アヘイキシャ	阿閉乞叉(二合)	敬
グラ	駄囉	持
チャタン	儞(泥以反)也擔(引)	與
ヒラ	脾攞	盤
ハクラ	播怛囉(二合)	盂
エイキヤタ	潁迦(引)多	屏
ヒダ	脾拏	却

上段

読み（片仮名）	音写	義
ソバ サチ キヤ サ ナウ	娑嚩二合 娑底二合 迦娑曩	踞
ベイシヤ	吠捨重	坐
アヒラ	阿枇攞	小
キヤタ	揭吒重	床
ギツラシリ	仡羅二合戚以反哩二合	返
マンダ	滿馱	繋
バツサタラ	嚩無擸反娑怛羅三合	衣
コウダ	句拏	角
ボンジヤ	盆惹	浪
サンマハタ	三摩跛多二合	罷
サンサラ	散左引囉	遷
シヤタナウ	娑佗二合引曩	位

下段

読み（片仮名）	音写	義
ダンタ	難多	齒
キヤシユツタ	迦引瑟姹重	木
	競迦娜	梳
ドバ	度嚩	濯
ギヤバ	誐引嚩	牛
シヤキリト	捨訖里二合覩	糞
ハラレイハ	鉢羅二合隷跛	塗
ホンセイダ	奔砌娜	拭
シヤサ	沙引左	洗
ハラキシヤリタ	鉢羅二合乞灑二合理多	滌
キヤラシ	迦攞引止	匙
セツトウ	折尫咤齲反	杓

クシユチキヤ	ゲンジヤ	アフダナウシヤラ	シヤラマンダヒ	サンサヤ	タバスキヤ	サタリ	キヤタカ	シヤリアユダ	ダラン	ギヤタ	クンバ
俱瑟恥二合迦	獻惹	羅駄曩舍引攞	舍引攞曼拏比	散左也	詫跛素上伀	娑佗二合引梨	迦吒重賀	措哩阿引㬰駄	娜怛覽三合	伽上吒	君婆上
倉	庫	厨	廳	儲	安	釜	鑊	刀	鎌	坵	瓮
クタリ	シユツハ	アラジユ	バラタラン	アチキラマ	ビロマ	アランジヤシヤサナウ	エイケキヤ	アランジヤクラ	アデキヤラダ	ギラカ	マンダ
矩姹引哩引	戌陀書畫反跛	羅儒重	嚩囉怛覽二合	阿底訖羅二合摩	尾路摩	囉惹引捨引娑曩	曀計迦	囉惹俱攞	阿地迦羅拏	仡羅二合引賀	滿駄
斧	繩	箕	索	違	拒	教	條	官	司	執	縛

読み	音写	義
ハリハラ	跋哩播引攞	養
シヤリラ	設利引囉	身
ジヤデキ	惹儞引呬	知
マンダ	滿娜	患
マジヤラ	摩惹二合囉	本
センデ	扇引底	静
シヤカヤ	沙訶引也	遂
バナウ	嚩曩	林
エイキヤキボクタ	曀迦引枳穆多	棲
タダ	多拏	薄
エイキヤギラマナウ	曀迦引仡羅二合摩曩	専
サリヤ	左哩也二合引	崇

読み	音写	義
シヤバボミ	娑嚩二合步弭	社
ハラボタ	鉢囉二合步多	多
エイキヤシタ	曀迦止多	志
シギヤラ	始伽羅二合	急
サンハラシヤ	三鉢羅二合灑	遣
エイタ	曀多	斯
シバナウ	枲引縛那	封
ラギナウ	攞仡囊二合	著
バサンタ	嚩散多	春
カラ	賀攞	耕
バビ	嚩引尾	種
ババク	嚩嚩無嚩反	植

読み	漢字音写	義
アケイタ	阿引傝吒	猒
キサイト	乞差二合覩	畝
シヤマラ	娑摩引囉	營
キリシ	訖里二合史	農
ウダギヤタ	嗢娜伽二合吒	決
ホシヤキヤラニ	補灑迦二合攞抳	池
アバタラ	阿嚩哆引囉	降
バラタ	縛囉多	澤
カラ	賀囉	犁
マチ	麼體池以反	耬
ダンナウ	檀曩	施
シヤラマダ	舍羅二合摩挐	功

読み	漢字音写	義
アラシ	阿引攞寫	爛
キヤタバパ	迦馱婆二合婆	夫
ソリユダヤ	素哩喩二合娜也	晨
シヤキチ	捨也底	寐
ウチユロシヤ	嗢儞庾二合迦多	勤
サチユロシヤ	薩底庾二合嚕灑	士
アタリ	囉引怛唎二合引	宵
ウチタ	塢儞多	興
アサタラキヤ	麼娑怛囉二合迦	鞭
ラクタ	攞矩吒引	杖
シヤキヤタキヤ	捨迦吒上	車
ユギヤ	俞誐	轝

佉上羅 キャラ	婆羅 バラ	阿濕嚩二合 アシフバ	野曩 ヤナウ	頗羅 ハラ	鑠底 シャキチ	駄拏篩 ダンタシ	建拏 ケンダ	設靚引 シャト	阿弩路摩 アダロマ	婆誐引 バギャ	鉢底多 ハチタ
驢	駄	馬	乘	排	槳	弓	箭	逆	順	分	崩
駄引儞也二合鼻音 ダヂャ	底攞 チラ	娛度摩 ゴドマ	薩寫 サシャ	婆囉 バラ	嚩無撥反羅灑 バツラシャ	末引誐也 マギャ	捨攞引迦 シャラキャ	摩引嚩 マバ	娜捨阿引頗迦 ダシャアハギャ	誐赦多 ギャダンタ	
稻	麻	豆	麥	課	役	年	徵	籌	量	斛	數

186

梵字読み（カタカナ）	漢音写	義（漢字）
ギャダナウ	誐拏曩引	計
ギャニタ	誐抳多	算
アハキャ	阿頗迦引	斗
ハラサタ	鉢羅二合娑他二合	升
バンギャ	畔誐	絹
ハッタ	鉢吒重	布
カサタ	賀娑多二合	肘
ビダシッチ	尾娜悉底二合	度
ボリタキヤ	勃哩二合多迦上	雇
アッギヤ	闕伽	價
アシツラヤ	阿室羅二合也	依
ハラチャヤ	鉢囉二合底也二合也	憑

梵字読み（カタカナ）	漢音写	義（漢字）
ハッタソタラン	鉢吒素怛覽二合	絲
ソタラ	祖怛囉引	縷
ヒタキヤ	比吒迦引	箱
ヒダイ	比吒以引	筐
ソシ	素止引	針
ソタラン	素怛覽二合	綖
コッハ	劫跛	裁
シバ	泉嚩引	縫
ビチ	尾體引他以反	街
ギチ	疑研以反底	吟
ビチラシャ	味地囉縒	巷
ナウダ	曩引娜	吼

片仮名	漢字音写	字義
ロシユツタ	嚕瑟吒二合	瞋
カシタ	賀枲多	笑
マウギヤリヤ	瞻誐里也二合	吉
アマウギヤリヤ	阿瞻誐里也二合	凶
シンナウ	親去曩	絶
ナウバ	曩嚩	嶺
シキヤラ	始佉囉	新
アウクラ	盎矩囉	芝
アキヤシヤバツラダ	阿引迦捨嚩無劃反羅拏二合	碧
ヒダ	庇引拏引	危
クンザ	君去惹自羅切	巒
ホラダ	補囉引拏	舊

片仮名	漢字音写	字義
ケイサラ	計娑羅	藥
クソンババラダ	俱遜婆韈羅拏二合	紅
ウダギヤダ	嗢娜迦二合拏	解
バタバナウ	縛怛縛二合曩	帶
ハツチヤ	鉢體也二合	宜
アキヤラシヤ	阿引迦羅二合灑	攀
バギヤ	畔誐重	折
シヤマヂヤ	娑引摩儞也二合鼻	共
アシヤナウ	阿娑曩半音	鄙
キシヤタラン	乞差二合怛覽二合	田
ギヤラ	伽上囉	家
ヒタマカ	比多引摩訶	翁

意味	音写	読み
給	禰也	ディヤ
園	阿羅引摩	アラマ
仙	哩使	リシ
樹	沒哩(二合)乞叉(二合)	ポリキシャ
鹿	摩哩(二合)誐	マリギャ
苑	烏儞也(二合)引南	ウチャナン
王	囉引惹	アランジャ
城	句吒(重)	チャ
薛	俱底也(二合)	ギリカ
舍	仡哩(二合)賀(上)	クチャ
梨	吒吒(吒降反)誐	タウギャ
國	尾灑也	ビシャヤ

意味	音写	読み
劫	迦攞跛(二合)	キャラハ
比	阿曩摩曩	アナゥマナゥ
羅	左攞儞(重)	サラニ
營	娑引駄曩	シャダナゥ
迴	跛哩韈(無擬反)多	ハリバッタ
顧	阿嚕路迦	アバロキャ
戀	必利(二合)底	ヒリチ
別	阿底也(二合)	アチヤ
報	跛迦引羅	ハキャラ
望	阿引航(上)乞灑(二合)	アカウキッシャ
恩	鉢羅(二合)娑娜	ハラシヤダ
生	惹引多	ジャタ

ククタ 矩俱吒 雞　／　シラ 施引囉 戒

シキャラ 始佉上囉 峯　／　ギリボッダ 儗哩没引駄 儼

アンタラナウ 頞多囉引曩 隱　／　セイラ 勢攞 巖

アサチキャ 阿娑體二合迦 骨　／　ソハシャ 姿嚕二合縒 清

ナウギャ 曩引誐 龍　／　クバジャ 俱嚕惹二合 俯

シツグラ 七捺囉二合 穴　／　キャロニ 迦嚕抳 悲

アシリシャ 阿濕哩二合捨也二合 潛　／　アラジャ 囉惹上 塵

ソウシャタナン 僧娑多二合喃 形　／　シマ 枲摩引 界

チャナウ 酇引曩 禪　／　ヤタ 也他引 猶

ナウチ 曩引曩 河　／　マリヤダ 摩哩也二合引娜 式

ハニエン 曩爾儞以反引演 水　／　ニバラヤ 儞縛引囉也 遮

ゲンビラ 嚴鼻引囉 滻　／　イシャチ 伊縒上底 聽

悉曇音（カタカナ）	音写漢字	字義
マイタリ	每怛唎二合引	慈
ハタキヤ	跛多引迦	幡
シヤダ	娑娜引	永
ケンハ	劍跛	祛
ハラジヤマチ	鉢羅二合惹摩底	慧
ウラキヤ	嗢攞迦二合	炬
チツギヤ	儞[寧一反]伽	長
ハラバ	波羅二合婆	熒
アドラギンナウ	阿弩攞琅曩二合	扶
シマサンヂ	枲引摩散地	關
サツタ	殺吒半	六
ギヤチ	誐底	趣

悉曇音（カタカナ）	音写漢字	字義
ウダギヤダ	嗢娜伽二合拏	開
ディヒタ	弟紙多	圍
ダシヤ	捺捨	十
アンダキヤラ	頞馱迦引囉	冥
アハナウヤ	阿跛曩也	振
ビタ	批多	除
シフビタジフバラ	濕尾二合多入嚩二合攞	虐
ビシヤ	曷娑多二合諾剎怛羅	毒
カサタタキシヤタラ	乞鑮二合引底	軫
キサンチ	訖哩二合瑟拏	忍
キリシユツダ	殺吒半	黔
シヤハアシツサリヤ	捨跛阿室左二合哩也二合	靈

ビュ カ	弭庾 二合引賀	嚴	アド シャマラダ	阿弩娑摩 二合囉弈	念
イリヤ ハ タ	伊哩也 二合引跛他上	儀	ア ハ チ	阿鉢底	罪
ハラチ マ	鉢羅 二合底摩引	像	ラグ キヤ	攞具迦	輕
ギヤダクチ マンダ ハ	誐馱矩知曼挐跛	殿	アラ ヤ	羅也	位
リ ギヤ	理伽上	寫	ハラ ラタ	鉢囉 二合引囉他 二合	幸
ボウ ダ チ	慕馱底	勘	タトクキヤラ	怛得迦 二合迄羅 二合攞	當
シツレイ シユツタ	室隷 二合瑟姹 二合	尊	ビヤ キラマ	鉢囉 二合引囉他 二合摩	修
ソタラン	素怛纜 二合	經	シヤキヤタ ハタ	弭也 二合嚩娑他 二合引	軌
ボツダ	沒馱	佛	ニヤタ	捨迦吒跛他	轍
グ ラマ	達磨	法	ボク キヤ	儞也多	畢
サタ ナウ	娑他 二合曩	處	チツ バ ダ	撲迦重	至
ソウ ギヤ	僧伽	僧	儞逸反 縛引弈	儞 縛引弈	涅槃

梵語千字文（悉曇・音写・字義対照）

上段（右から左へ）

読み（片仮名）	音写（漢字）	字義
ナウギャラン	曩誐囕	城
キャシャ	迦引灑也	袈裟
シバラ	支嚩羅	衣
キャラキャ	迦囉迦	瓶
ハラタラ	鉢羅二合怛羅二合	鉢
シャナウ	捨也曩	臥
アシャナウ	阿引娑曩	具
バサタラ	嚩娑怛囉三合	衣
ハツカヤダ	鉢賀也二合挈	裳
ギャナウ	伽曩	厚
ラトロハナウ	囉引怛路二合頗曩	被
ハラダ	鉢囉拏	盛

下段（右から左へ）

読み（片仮名）	音写（漢字）	字義
タバナウ	多嚩曩	櫃
エイキャホタ	暳迦補吒引	單
シャタ	舍吒上	裙
ハラセイバ	鉢囉二合細嚩	佾
シュハッチリ	戍鉢底哩二合	藏
ハラダキャ	鉢羅二合挈迦	蟲
ホシャキャ	布灑迦	鼠
タラサタ	怛囉二合娑多二合	恐
サツバチ	拶嚩底	醫
ダウバナウ	道嚩曩	浣
シュシャダ	戍灑拏	曬
ハラシャラ	鉢羅二合娑引囉	舒

ビキヤサ　尾迦娑（上）　張　キッシヤハダ　乞縒（二合）跛拏　掉

バッダケンバラ　韈拏劍摩攞　氀氈　ソバッダシヤビヤ　蘇韈拏（重）　鏗

ヒツリヨウギヤ　必陵誐　綾　シヤビヤ　捨弭也（二合人）　有

シツタラ　質怛羅　錦　アシツチ　曷悉底（二合）　恥

ソシキヤラマ　素止羯磨　繡　ラジヤ　攞惹（重引）　艾

トライ　妬攞引以　褥　ゲンデレイ　獻地隷　臭

ハラニタ　鉢囉（二合）尼引多　芳　ナウシツチ　訥獻馱　無

ハラダラ　鉢羅（二合）拏引攞　簷　ドツゲンダ　曩引悉底（二合）　嫌

ギリカ　乞哩（二合）賀　宇　ジユゲハサ　儒虞波娑（二合引）　麝

バニヤ　嚩儞也　蕭　キヤシヤトリ　迦娑妬（二合）利　香

ソウシヤ　僧思也　灑　ドハ　度波　讃

マンダ　滿娜　緩　シヤトタラ　娑妬（二合）怛囉（二合）

娑多（二合引）縛・寧（寧以反）　シヤタバニ
詠

誐以　キヤイ
歌

覩唎（引）　トリ
管

尾補攞　ビホラ
博

儒多（引）　ジユタ
奕

蘇（上）攞　ソラ
酒

建爾（此以反）　ケンジ
醬

沒羅（二合）憾麼（二合）　ボラカンマ
梵

娑嚩（二合）攞　ソバラ
音

捨置迦　シヤチキヤ
彈

爾賀嚩（二合）　ジカバ
舌

悉曇　シツタン
悉曇

摩多　マタ
莫

尾娑摩（二合）攞　ビシヤマラ
忘

鉢羅（二合）尼（尾曳反）駄（引）曩　ハラニダナウ
願

瞹多覩　エイタト
茲

攞婆（上）　ラバ
利

鉢囉（二合）娑吠（二合）娜　ハラサベイダ
潤

薩嚩　サラバ
總

那悉地　ナシチ
洽

嗢怛襄迦　ウタナキヤ
無

枲（引）摩（引）　シマ
疆

多（引）縛覩　タバト
且

盎誐　マウギヤ
題

読み	漢字	義	読み	漢字	義
アシユツタ	阿瑟吒二合	八	バッタテイ	韈多帝重	可
シヤタ	捨多	百	ハラチハンナウ	鉢囉二合底半曩	向
アンヂヤ	頌儞也二合	餘	ハラ	跛囉	他
サマタ	娑摩哆引	皆	ディシヤ	禰捨	郷
ヂホダ	儞補拏	審	キッシヤニキヤ	乞灑二合抳迦	聊
ハラチヤベイキシヤ	鉢羅二合底也二合吠乞灑二合	詳	シヤリラハラキヤシヤク	設哩引囉鉢羅二合迦引鑠	申
シギヤラ	施伽羅二合	早	シキッシヤ	式乞叉	學
キヤリヤ	迦引里也二合	須	バシヤ	婆引灑	語
アビヤサ	阿毘也二合引娑	習	アダシヤ	阿引捺捨	樣
アダボタ	曷娜步二合多	奇	イシヤ	伊引縒	豈
ビヤキヤナウ	弭也二合佉也二合曩	説	イッシヤ	一縒	欲
アヂ	阿引儞儞以反	始	ヤシヤ	也捨	耽

尾儞也 ビヂヤ（二合引）／明
阿 ア（引）／無
蘗婆 ギヤラバ／胎
鉢羅底尾摩借 ハラチビマシヤ／母
摩 マト（引）覩／形
阿室哩 アシリタ（二合）多／託
尾播迦鉢羅 ビハキヤハラチユバサ（二合）底庾縛（引）左／報
羯磨 カツマ／業
係覩 ケイト／因
阿儞 アニ（寧以反）／初
理佉 リカク（入）／章
隷法 レイギヤ（上）／文

嚕 ロハ（引）跛／色
曩 ナウマ（引）摩／名
嗢體 ウチタ（他以反）多／起
係覩 ケイト／因
娑慕賀 シヤボカ（上）／聚
尾枳攘 ビキジヤナウ（二合引）曩／識
嚩 ハビ（引）尾／栽
慕攞 ボラ／根
訖哩 キリヤ（二合）也（引）／作
迦 キヤラキヤ（引）囉迦／造
補怛羅 ホタラ／子
味惹 ビジヤ／種

読み	音写	義	読み	音写	義
ラキッシャ ダ	洛乞叉二合拏	相	タリ シユタ	怛哩二合瑟拏二合引	貪
マ シリ ギヤ	摩引室哩二合儞也二合	依	ビシヤ ヤ	尾灑也	境
シヤ ダ	灑拏引	六	ギリ カンダ	疙哩二合很拏二合	取
アヤタ ナン	也多南	處	アシッチ	阿悉底二合	有
バムバチ	婆嚼底	既	エイ タト	噎多覩	斯
ケンハ	劍跛	剖	ウ ダギヤ ダ	嗢娜伽二合拏	開
シヤハ ラシヤ シユタ	娑鉢二合羅捨瑟吒二合	觸	チリ シユタ	涅哩二合瑟吒	見
アウ ギヤ	盎誐	支	ジヤ タ	惹引多	生
ホ ナウ ラ ヒ	布曩囉庇	復	シヤク タ	籍多	雖
ヘイダ	幣茶	推	トシユツタ	覩瑟吒二合	喜
ベイダ ナウ	吠娜曩	受	ボリ ダ	沒哩二合駄	老
イシユタ	伊瑟吒二合	愛	マリ タ	摩哩二合多	死

上段（右より左へ）

梵字読み	漢字音写
ニバリタ	儞韈多
ロダナウト	嚕娜曩覩
ウデイギヤ	嗢弟誐
キヤロダ	迦嚕挈
ホツバアナウニ	補（哺設反）嚩曩儞（寧以反）
ギヤタ	誐多
ドクレイシヤ	耨佉（上）
キレイシヤ	訖隸奢（二合）
アタ	阿多（重）
アギヤタ	阿誐多
ヤタ	也他（引）
シヤキヤラ	斫訖羅（二合）

下段（右より左へ）

梵字読み	漢字音写	意味
ギヤタキヤ	伽吒迦	環
シヤ	寫	之
ハリバリタ	跛哩韈多	轉
ヤニ	也儞（寧以反）	若
ケンダ	建拏（引）	箭
シヤ	寫	之
シギヤロ	施伽路（二合）	催
クシヤラ	矩舍攞	善
デイバ	嚩引娑	居
ディバ	襧嚩	天
ウヂヤナウ	嗢儞也曩（二合）	苑
ビロハ	尾嚕引跛	惡

悉曇字	音注	漢字音写	訳語
シヤギヤ ナウ		娑伽二合引曩	處
ウ シユダ		塢瑟拏二合	燸
キシヤ ロ		乞灑二合引路	燸
ビ ヂヤ		尾儞也二合引	明
ア バ シエン		阿縛始演二合	可
シ ラ ダ		室囉二合馱	信
バ コ ダ キヤ シヤ バ		嚩虎娜迦捨嚩	浩
キ シヤ マ		乞叉二合摩	寧
タツ キヤ		怛迦	猜
サ タ バ ラ		左多嚩引囉	四
ジヤ チ		惹引底	生
ホ ナウ		補曩	頻

悉曇字	音注	漢字音写	訳語
ハ チ		鉢多底	落
タ キヤ		多吃迦	泊
シヤ トユ ニ		灑覩愈二合儞	六趣
キヤ チ		迦底	幾
ア バツ タ		阿鞁多	徘
ニ バ リ タ		儞鞁多	徊
サ ナ ウ カ		娑曩二合賀	眷
バ サ ナン		嚩左南	言
ジヤダ ナウ		惹拏二合引曩	明
ハ ラ キヤ シヤ		鉢囉二合迦二合引捨	智
バ タ		嚩多重	者
バ サ ト		嚩娑覩二合	事

梵字（悉曇）：上段

読み	音写	意味
ミヤクタ	藐多	可
ギャチタ	伽底多	傷
キャシュッタ	迦瑟吒二合	哉
シラ	始囉	頭
アキッシ	惡乞使	目
キャラダ	羯拏	耳
ナウシャ	曩娑	鼻
アシヤ	污瑟吒二合	唇
ウシユッタ	能上沙吒羅三合引	口
ドウシヤタラ	阿引寫	牙
ギャラ	誐攞	咽
ラタラ	攞攞引吒	額

梵字（悉曇）：下段

読み	音写	意味
ギリバ	紇哩二合縛引	項
ロマ	路摩引	毛
バラ	嚩引攞	髮
ジカバ	爾賀嚩二合	舌
メイヂィタ	迷弟吒	卷
クログ	句路二合拏	胸
ランビタ	藍弭多	懸
タロ	哆引嚕	喉
ピンナウ	牝曩	缺
ソケンダ	娑建二合馱	肩
ナウギヤ	曩佉上	甲
バコ	嚕虎	臂

読み	漢字音写	字義
サンヂ	散地	腕
ハラソハラ	跛囉娑波二合羅	相
ラギナウ	洛仡曩二合	連
サナウユ	娑曩二合庾	筋
シラ	枲囉引	脈
ボラダ	沒囉二合挈	瘡
ハマ	播摩	疥
アウグレイ	盎虞隷	指
ハツパ	鉢嚩	節
サツキダ	薩呬拏	纖
サタナウ	娑多二合曩	駢
キヤチ	迦置	腰

読み	漢字音写	字義
ハリシュタ	跛哩二合瑟姹二合	背
ギヤナウラ	伽曩羅	乳
ハラシフバ	播羅濕嚩二合	肋
ボリキヤ	沒力二合迦	腎
アウグシヤ	盎虞捨	勾
アキヤラシヤ	阿引羯灑	牽
ナウビ	曩毘上	臍
ドボウ	弩舞二合引	面
ハラシフバ	播引囉濕嚩二合	脇
アウタラ	盎怛羅二合	腸
ヘイタ	閉吒重引	肚
エイキヤ	暗迦上	一

播[引]囉濕嚩[二合]（ハラシフバ）	虞他（グタ）	母怛羅[二合]（ボタラ）	婆[上]哩多（バリタ）	婆哩多（バリタ）	娑比[二合]惹（シヤビジヤ）	迦知播[引]羅捨（キチハラシヤ）	底哩縒（チリシヤ）	尾娑多（ビシヤタ）	拶摩（サツマ）	摩[引]誐（マウギヤ）	阿娑體[二合]（アサチ）
邊	屎	尿	充	塞	膽	胯	敲	偏	皮	肉	骨

滿惹[重引]（マンジヤ）	播[引]迦（ハキヤ）	嚕地囉（ロヂラ）	娑曼多（サムマンタ）	鉢羅[二合]底也[二合]（ハラチヤ）	污嚕[引]（ラロ）	烏嚕（ウロ）	攘伽[上]（ジヤウギヤ）	惹[引]拏（ジヤダ）	曼拏攞（マンダラ）	虞攞頗[二合]（グラハ）	斫訖羅[二合]（シヤキラ）
髓	膿	血	周	緣	骭	腿	蹲	膝	脛	踝	胭

庇灑引　胼
ビシャ

賀娑多二合　手
カサタ

播娜引　足
ハダ

儞室制多曩　頑
ニ シッセイタ ナウ

鉢囉二合蘇蘇色反比迦　痺
ハラソヒキヤラ

薩嚩迦引攞　恒
サラバキヤラ

嚩賀底　流
バカチ

室隸二合澀摩二合　唾
シッレイシマ

羅引攞　涎
ララ

阿護迦瑟吒二合　嗚呼
アコキヤ シュタ

訥獻駄　臭
ドツゲンダ

補利引灑　穢
ホリシヤ

設利覽　體
シヤ リ ラン

阿補囉引　奇哉
アホバ

摩拏灑　人
シヤマ

必利二合底　並
ヒリチ

鉢羅二合他曩　憐
ハラタナウ

惹引曩底　請
ジャナウチ

惹多　知
ジヤタ

阿悉底二合　生
アシツチ

阿跛囉馱　有
アハラダ

摩　過
マ

多呬　莫
タキ

向

204

死　王　前　唐　字　千　鬘　聖　語　竟

ボタ	アランジャ	アギラタ	シナ	アキシャラ	サカサラ	マロ	アリヤ	バシヤ	サンマハタ
母多	囉惹引	阿仡囉二合多	斯曩	乞叉二合囉	娑賀上娑羅二合	摩引嚕	阿引哩也二合	婆引灑	娑摩跛多

キリチラ	アジヤリヤ	バコ	シユロタ	チリヒタバンダタ	ハラ	マタ	ディバ	シヤ	ホダヤ	ジヤタ	マタ

作　阿闍梨　聞多　勝　義　天　之　福　生　母

ヒッタラ シャリヤ ウハダヤ ギャビ ホラバ サラバ サトバ アドタラ サム サム ミヤタ ボダヤ

父 ビリヤ
師
和上 ディバナウ
先行 リタ
一切 サトバ
有情 クシャラ
無上 ジャタン
正
等
正
覺

精進
天此寫
有情善
生

206

意味	カタカナ	漢字音写
天	ディバ	泥嚩
日	ビリチヒ	卑哩底尾
地	アニチャ	阿儞底也（二合）
月	センダラ	先太羅
星	ナウキシヤタラ	那乞叉（二合）怛羅（二合）
風	バタ	嚩多
雨	バリシタ	嚩哩（二合）史吒
雲	キマ	呬摩
陰	アバラ	阿婆羅（二合）
晴	チツマラ	涅摩洛
寒	シタ	使（引）多

意味	カタカナ	漢字音写
熱	ウシユダ	于瑟拏
山	ハラバタ	波羅嚩（二合）多
樹	バリキシヤ	婆力乞叉（二合）
木	キヤシユタ	迦（引）瑟吒
葉	ハツタラ	鉢多羅（二合）
花	ホシハ	布史波
石	ハシヤダ	播灑（引）拏
土	ハツチキヤ	波索底迦
河	ナヂ	那持
海	サムモンダラ	三文捺羅
水	ウダキヤ	于娜迦

悉迦多　沙　嚕波鑁娑　端

于太末　高　舍羅拏　屋

阿嚩多羅　下　仡哩賀　宅

摩含　大　駄嚩二合羅　門

阿伕波羅　小　哦嚩乞叉　窓

婆攞　好　　瓦

尾嚕引波　惡　伽娑　卅

娑摩瑟吒　平　博伕吒　塼

三弭也二合　正　間拏　柱

紀多車　側　娑擔婆入重呼　椽

鉢羅濕嚩　偏　句引婆　井

阿伽里娑姪迦　醜　建娜波持　竈

208

表（縦書き・右から左へ読む）

読み	音写	意味
タ／シユツタ	多瑟吒二合	椀
キヤ ヂ	迦攞引此引	匙
ヤ ギヤ		箸
キヤ シヤ	迦羅賖	竹
ナ ラ ダ	捺剌柂	葦
ク ウ バ	宮婆	瓶
クンダラ	軍拏羅	瓮
シヤ キヤタ ラタ	舍迦吒羅他	盆
ハ シユ	波戌	車
ア シフバ	阿濕嚩	牛
カ ヤ	可野	羊
		馬

下段

読み	音写	意味
キヤ ラ	佉上囉	驢
ウ シユツタラ キヤ ラバ	烏瑟吒羅迦羅婆	駝
シフバ ナ	濕婆那	狗
ハ ジ	波爾引	鷹
セイ ダ	勢拏	雞
ハ キツシ ダ	波乞史拏拏	鳥
マリ ギヤ	末栗哦	獸
ボタ	步多	鬼
ヤ キシヤ	野乞叉	神
ギヤラ ジヤ	蘖惹	象
ハ ダ	波引娜	與
ウ チキシヤ	欝底乞叉	擎

テイキ 泥呬
タナイヤ 多乃野
マラヤ 摩羅也
ジバンダ 爾鑁多(引)
キシギヤラ 乞史(二合)伽羅(二合)
シヤナイシチラ 舍乃室體羅
チハ 智波
キヤラハ 迦囉(引)波
マンダ 滿䭾
シラ 室羅
バラケイシヤ 婆羅計捨
ボロ 補嚕

運　打　殺　活　急　緩　緊　束　縛　頭　髮　眉

シヤキシユ 斫乞蒭
ナウシヤ 曩娑
キヤラダ 迦囉拏(二合)
アサユ 阿(引)娑喩
ゲンダ 鍵拏
ウシユツタ 烏瑟吒
ジカバ 爾賀嚩(二合)
ダンシユツタラ 壇瑟吒羅
ダンタ 壇怛
ボキヤ 目佉
ギラバ 疑囉嚩
バキシユ 嚩乞蒭

眼　鼻　耳　口　頰　脣　舌　牙　齒　面　項　胸

梵字	漢字音訳	漢訳
（カサタ）	賀娑多	手
（ハダ）	波駄	脚
（ハリシユツタ）	鉢力二合瑟吒二合	脊
（クキツシ）	倶乞史	肚
（カリダヤ）	呵哩娜也	心
（マナ）	末那	意
（ダシ）	駄娑引	奴
（ダシ）	駄斯	婢
（キヤタバ゙バラ）	迦多嚩婆羅	兵
（ソバッダ）	素韈拏	金
（ロハヤ）	盧波也	銀
（ハダ）	波拏	銭

梵字	漢字音訳	漢訳
（ハタ）	波吒重	絹
（ウシバラ）	烏史婆羅	布
（シツタラ）	七多羅	錦
（ボサラ）	母娑引囉	玉
（アラタンナウ）	囉多那	寶
（ソバサダ）	莎縛娑陀	安穩
（ハリシヤ）	波里車	問訊
（マウタ）	莽多引	父
（ヒタラ）	卑跢羅	母
（キヤニヤザタ）	請瑟吒二合部羅引多	兄
（ゼイシユツタボラタ）	迦儞也二合娑部羅多	弟
（ゼイシユツタバギニ）	請瑟吒二合婆疑儞	姉

悉曇字母（梵語單語・數詞表）

悉曇讀み（片仮名）	漢字音譯	意味
キヤニヤサバギニ	迦儞也[二合]娑婆疑儞[引]	妹
マドラ	摩頭羅	甘
チキタ	土多	苦
アムバリ	暗婆里	酢
タウギヤ	黨哦	梨
タラホシヤ	多羅布娑	黃瓜
グヤラ	俱夜羅	瓜
バラカ	嚩羅呵	楮
シヤ	舍也	紙
マシ	摩史	墨
キヤラマ	迦攞[引]麼	筆
リギヤ	里伕	書

悉曇讀み（片仮名）	漢字音譯	算（數）
ギヤダタ	哦拏多	算
エイキヤ	暗迦	一
ダバヤ	駄婆野	二
タラヤ	多羅也	三
シヤトラ	者都羅	四
ハンシヤ	半者	五
シヤチ	娑智	六
ハタ	娑波多	七
アシユツタ	阿瑟吒[二合]	八
ナバ	那嚩	九
ダシヤ	駄舍	十
ピシヤ	尾舍	二十

梵字悉曇字母表

読み	漢訳
チリンシャ	咥林舍
サタバリシャ	左多婆羅舍
ハンサシャ	半左引舍
シャシュチシャ	娑瑟知舍
サハタ	娑波多
アシャチ	阿捨底
ナバチ	那婆底
シャタ	設多
サカサラ	娑賀娑羅
ナユタ	那逾多
ラキシャ	攞乞叉
クチ	倶智

中段（数）

数	読み	漢訳
三十	ダニボン	陀尼梵
四十	クリナ	倶里那
五十	ニシ	
六十	ダリダラ	娜哩捺羅［二合引］
七十	バニ	囀睇
八十	シャタキャ	娑多迦
九十	デラギャ	陳囉伽
百	カラソバ	呵羅莎婆
千	ソド	索乃
萬	ホタラ	布多羅
億	ドツキ	訥呬
兆	バリャ	婆里也

下段

富　貴　賤　貧　多　少　長　短　兒　子　女　妻

読み	音写	意味
ハッチ	鉢底	妾
アランジャ	羅惹	王
ハラダヤキャ	鉢羅拏野迦	臣
タクラ	吒俱羅	宮
ハリグ	波里矔	米
アタキヤニ	阿吒迦抳	麵
イダナ	伊陀那	柴
アギャラ	阿哦羅	炭
バシヤマ	婆娑摩	灰
アギニ	阿疑儞（二合）	火
タイラ	帶攞	油
ギヤリタ	伽哩（二合）多	酥

読み	音写	意味
マキシヤキヤ	摩乞叉迦	蜜
シュダタ	戌拏吒（二合）	薑
ナウランギヤ	覽哦	橘
ギタ	疑多	歌
ダリチヤ	那里底也	舞
ベイリ	吠里	鼓
バンシヤ	萬舍	笛
ビナ	尾那	箜篌
ソギヤシヤキヤ	索伽沙迦	笙
バドヂヤ	嚩怒儞也	學問
アヤサ	阿夜娑	辛
ドクキヤ	特佽	苦

214

梵語千字文（上段・右より左へ）

梵字読み	音写	意味
ドラ	怒引羅	遠
シヤミ	娑弭	近
ダイアダシャ		憂
キヤロダ	迦嚕拏	悲
ロダナ	嚕馱那	哭
カサヤ	呵娑也二合	笑
バシヤナ	囀左那	語
アビギヤマナ	阿尾哦摩那	迎
アドハラジヤナ	阿耨婆羅惹那	送
マンダナ	萬馱那	拜
ナウマサキヤラ	曩摩索迦羅	跪
アクロシヤ	阿法矩盧舍	罵

梵語千字文（下段・右より左へ）

梵字読み	音写	意味
ハリバシヤグ	波里婆引沙拏	辱
ディシヤ	弟沙	瞋
ロシヤ	嚕沙	喜
アカン	阿含	我
タボント	多梵都	儞
シヤバシヤ	娑囀二合車	清
キヤラシヤ	迦羅沙	濁
ゲンビラ	儼毘羅	深
ラダ	攞馱	淺
ハラハタ	鉢囉二合波多二合	得
ビニギヤ		失
		慳

上段

読み	漢字	義
ラバ	攞婆	貪
ビヤ ハタ	阿畢儞也	嫉
アビ ヂヤ	〔引〕	妬
ビ キッシヤ	尾乞叉	乞
ヤ サ	夜引左	索
ハレイ キッシヤ	波禮乞者	求
ギヤ ベイ セイ		覓
バヤ	婆野	恐
シヤ ビタ	車美多	怖
マ ラギヤ	摩羅哦	道
ク シヤラ	倶舎攞	善
サツバ ラ	薩嚩(二合)囉	音

下段

読み	漢字	義
セフ ダ	攝那	聲
ジヤ ニ タン	惹抳擔	知
ナ ギヤ ウ ニ タ	那仰抳多	不知
ヂリ シユタ	涅哩(二合)瑟吒(二合)	見
ナ ハ シヤ ミ	捺波舍也(二合引)弭	不見
ベイリ ジヤ キ	弊里惹(引)呬	識
ナビ ジヤ サタ	那尾惹那多	不識
シユ ロ タ	輸嚕(二合)多	聞
ナウ シユ ロ タ	曩輸嚕嚕(二合)多	不聞
ピ ボウ ダ	尾冒駄	覺
ナ ビ ボダ	那尾沒馱	不覺
マイ ダヤ	昧娜也	酒

麼引上誐（マウギヤ）　肉
摩拏（マド）　餅
舍引迦（シヤキヤ）　菜
伊瑟吒（イシユツタ）　愛
阿畢里二合耶（アヒリヤ）　憎
（チウダ）　嫌
弗多羅（ホツタラ）　子
苞多羅（ハウタラ）　孫
阿吉里也（アキリヤ）　喚
鉢羅拏（ハラカマダ）　客
莎嚩二合弭（ソバミ）　主
摩里也馱（マリヤダ）　禮

曷羅他二合（アラタ）　義
舍羅馱（シヤラダ）　信
捨闌多（シヤランタ）　困
頷半多羅（ニハンタラ）　請
波羅二合婆舍（ハラバシヤ）　明
闇吐迦引囉（アンドキヤラ）　暗
迦知（キヤチ）　腰
惹引拏（ジヤダ）　膝
相矩摩（サウクマ）　行
底瑟吒二合（チシユタ）　住
澡多（サウタ）　臥
佉吒（キヤタ）　床

梵字・読み（上段）	音写	意味（中段）	梵字・読み（下段）	音写	意味（下段）
タラシ	多攞四	席	ダバ	陀縛	走
ナバダ	捺婆娜	氈	メイギヤ	銘伽	雲
ビタナ	尾跢那	毺	シツセイタ	室制多	白
シフバナシヤ		靴	キリシダ	訖里史拏	黑
ホラ	補攞	鞋	ニラ	顆攞	青
マシヤミナ	末寫弭引那	魚	ロキタ	路引呬上多	赤
ハキシヤ	播乞叉	熟	ジュウボウラ	乳毣囉	紫
ボキシヤ	部乞叉	飢	ハラシヤ	波攞引捨	綠
ビハタ	弊波多	飽	ウツバ	欝縛	上
マタキシヤバ	末多乞叉縛	醉	アバタラ	阿嚩多羅	下
ダシダ	娜史引吒	坐	ソリ	孫隣	胡
ウチシユタ	欝底上瑟吒	起	シナ	振那	漢

上段（右から左へ）

読み	音写	意味
アラシフビ	羅濕弭(二合)	光
クタヤ	俱多也	牆
ハリヤダ	鉢里也拏	院
ハハ	播波	罪
ホダヤ	布拏也(二合)	福
アハラダ	阿跛囉引陀	過
グダ	瞿拏	德
ウタマ	烏跢摩	勝
キナ	呬那	劣
チリダ	哩哩(二合)茶	堅
シヤラ	娑引囉	固
ソタラ	素路羅	經

下段（右から左へ）

読み	音写	意味
ビナヤ	毘那野	律
ハリタバジャナ	跛栗他婆惹那	凡
アリヤ	阿引哩也(二合)	聖
エイバン	暨鑁	是
ナイバ		非
ハラニダ	鉢羅抳地	願
アギヤシャ	阿哦車	來
ギャシャ	哦車	去
バリバソギャ	轗嚩蘇伕	消息
ソトシャ	率都沙	歡樂
バイラ		恨
ホラダ	布囉拏	滿

第四章

《大正新脩大藏經》

《大正新脩大藏經》，財團法人佛院教育基金會出版部編寫，收錄着漢譯的經典及中、日高僧的佛學著作。絕大部分的梵文是用悉曇體。而當中出現較多的是在「密教部」、「悉曇部」、「事彙部」及「圖像部」。

「密教部」是由第十八至二十一冊，第848《大毘盧遮那成佛神變加持經》開始至1420《龍樹五明論》。「悉曇部」是第八十四冊，第2701至2711經是空海、安然等日本僧人撰述的梵文相關研究，內容有不少悉曇梵字。「事彙部」是第五十三及五十四冊，內收錄了一些辭書性質的著作，如《悉曇字記》、《梵語雜名》、《梵語千字文》。「圖像部」共有十二冊，當中把密教的種種法門，作圖像、咒、字輪觀、種子字等處理，當中也出現不少悉曇梵字。

現節錄部分曾在本書中引用的經書或著作。

1　《大正新脩大藏經》，「事彙部」，第54冊第2132經，《悉曇字記》

2　《大正新脩大藏經》，「悉曇部」，第84冊第2701經，《梵字悉曇字母并釋義》

1

2

3 《大正新脩大藏經》，「事彙部」，第54冊第2125經，《南海寄歸內法傳》

4 《大正新脩大藏經》，「密教部」，第18冊第880經，《瑜伽金剛頂經釋字母品一卷》

3

4

5

參考資料

參考資料

- 種智院大學，《梵字大鑑》（1983），法藏館。

- 德山暉純，《梵字の書き方》（1985），木耳社。

- 児玉義隆，《梵字必攜》（1991），朱鷺書房。

- 靜慈圓，《梵字悉曇》（1997），朱鷺書房。

- 児玉義隆，《梵字でみる密教》，大法輪閣。

- 三井窅円，《やさしい梵字仏》，知道出版。

- 林光明、林怡馨編著，《梵字悉曇入門》，嘉豐出版社。

- 《梵書朴筆手鑑》（1709）。

- 饒宗頤編集，《悉曇經傳》，新文豐出版公司。

- 德山暉純著、李琳華編譯，《梵字圖說》，常春樹書坊。

- 小峰智行，《梵字字典》，東京堂出版。

作者簡介：

陳漢全（玄朔阿闍梨），為本港首屈一指的專業攝影師及藝術創作者。其攝影作品在香港、亞太區及國際比賽中獲取多項殊榮及獎項。數年前皈依「中國真言宗光明流」徹鴻金剛上師。在修密法的同時，接觸到這些特別形態的符號「悉曇文字」，深深地被它吸引著。

從他的專業範疇，加上運用不同的創作技巧，展現出「另類」的「種子字」藝術作品。其中金剛界和胎藏界種子字《曼荼羅》曾在不同的展覽會展出，甚為矚目。

為推廣「種子字」及與世界各地的「種子字」愛好者聯繫，他建立了「真言‧悉曇」Facebook 和 Instagram，與大家在線上分享不同的資訊和作品。

已出版的著作有：
《梵字‧悉曇》
《悉曇‧字韻》

真言‧悉曇

悉曇十八章併梵語千字文

出版日期：二〇二三年三月第一次印刷

作者　　：　陳漢全（玄朔）
編輯　　：　陳慧玲
出版者　：　資本文化有限公司
　　　　　　香港中環康樂廣場1號怡和大廈33樓3318室
　　　　　　(852) 2850 7799
　　　　　　info@capital-culture.com
　　　　　　www.capital-culture.com

版權所有　不准翻印
All rights reserved.
Copyright ©2023 Capital Culture Limited
ISBN 978-988-75034-2-2
Published in Hong Kong

資本文化
Capital Culture
www.capital-culture.com